Crédits iconographiques

11, 26, 32-33, 35, 53, 61, 72, 83, 87, 99, 104-105, 115, 149 : **Veranika Dzik** ; 13 : **Studio_G** ; 14 à 20, 59, 109, 115 : **Eclair_A** ; 25 : **Anna Druzhkova** ; 28, 49, 67, 69, 98, 125, 151, 153 : **Quality Vector** ; 31 : **Aechka** ; 33, 79, 81, 87, 101, 117, 129, 131, 156 : **DesignBys** ; 35 : **Tan41_net** ; 37, 39, 40, 41, 60 : **LadadikArt** ; 39, 42, 43, 45, 51, 57, 60, 65, 70, 75, 79, 83, 91, 93, 94, 95, 118 : GoodStudio ; 46-47, 126-127 : Galyna_P ; 47, 59, 75, 107, 109, 111, 157 : **Flash Vector** ; 51 : **Invision Frame** ; 55 : **Alexandre Ryabintsev** ; 59, 105 : **Barks** ; 63, 151 : **rin-rin** ; 65 : **Alina Beketova** ; 71, 77 : **Gaidamashchuk** ; 72 : **Angela Sbandelli** ; 81, 84, 95 : **RioRita** ; 92-93 : **Yuliia Konakhovska** ; 97 : **Darinov Art** ; 104, 105, 109, 111, 129, 137, 149 : **Rinat Khairitdinov** ; 113, 116-117, 123, 125, 133 : **Anna Bova** ; 119 **: StellaArts** ; 120 : **Deshoff** ; 121, 133 : **Valentina Vectors** ; 135 : **Bioraven** ; 135 : **l'équipe inspirante** ; 137, 145 : **otomedream** ; 139 : **Fagreia** ; 140 : **Angela Cini** ; 143 : **Look_Studio** ; 147 : **Albinaster**

SYLVIA GABET

SAVOIR CUISINER

Département Pratique

Direction éditoriale : **Clélia Ozier-Lafontaine**
assistée de **Salomé-Marie Ramphort**
Direction artistique : **Audrey Sednaoui**
Maquette et mise en page : **Zélie Reveyrand**
Fabrication : **Manon Pouch**
Photogravure : **IGS-CP L'Isle d'Espagnac**

ISBN : 978-2-0804-5277-1
N° d'édition : 633468
Dépôt légal : octobre 2024
editions.flammarion.com

SYLVIA GABET

SAVOIR CUISINER

50 Classiques inratables

Flammarion

ÉDITO

Savoir cuisiner peut s'apprendre dans des écoles, par-dessus l'épaule d'une grand-mère – ce qui a été mon cas –, par écrans interposés... ou dans un livre. Pour que la cuisine soit et reste en toutes circonstances un plaisir, il faut avoir les bonnes recettes. Après avoir pratiqué beaucoup, appris auprès de chefs étoilés, et enseigné dans mes cours de cuisine, j'ai découvert que l'essentiel réside dans **50 recettes.** Pas plus. Mais pas moins non plus ! Lesquelles ? Ces recettes qui nous font envie, qui nous rappellent notre enfance, qui font partie de notre histoire, qu'on cherche sur Internet et qu'on a envie d'interpréter au goût d'aujourd'hui.

Parmi les **classiques,** j'ai sélectionné les **inratables,** soit parce qu'elles sont vraiment faciles, soit parce qu'elles sont vraiment bonnes et qu'il faut absolument que vous sachiez les faire. Sans y passer des heures et mettre la cuisine sans dessus dessous, bien sûr.

Je vais du coup vous prendre par la main pour vous révéler les trucs et astuces, les étapes délicates que vous allez franchir sans problème, pour que vous les réussissiez – je suis passée par là moi-même, et l'ai enseigné à mes élèves et à mes enfants.

Voilà pourquoi, **si vous ne devez posséder qu'un seul livre de cuisine, c'est celui-là !** Car posséder les 50 recettes de ce livre sur le bout des doigts contribuera grandement à votre bonheur et à celui de vos convives. Et une fois que vous saurez faire ces recettes-là, vous saurez tout faire !

Vous n'avez plus qu'à dérouler votre tablier, et vous laisser guider. Bonne cuisine : ces recettes-là, c'est du pur plaisir !

Alors, on mange quoi ce soir ?

Sylvia Gabet

SOMMAIRE

ENTRÉES & APÉROS

LÉGUMES & VÉGÉTARIEN

VIANDES

POISSONS

ENTRÉES & APÉROS

CROQUE-MONSIEUR

PRÉPARATION	POUR	CUISSON
15 minutes	**4 personnes**	**10 minutes**

Le croque-monsieur aurait été inventé en 1910 par Michel Lunarca, propriétaire d'un bistrot du Boulevard des Capucines à Paris. En manque de baguette, il aurait remplacé le pain d'un sandwich par du pain de mie, légèrement cuit pour rappeler le croquant du pain frais. Le « croque » devient « madame », si on le coiffe d'un œuf au plat. Quant au club sandwich, c'est une importation new-yorkaise inventée en 1894, elle ne nécessite pas de cuisson et est servie avec de la mayonnaise… et tout ce qu'on peut trouver comme restes dans un frigo !

INGRÉDIENTS

- 8 tranches de pain de mie
- Beurre doux
- 100 g d'emmental râpé
- 4 tranches de jambon de Paris

USTENSILES

- Grande poêle antiadhésive avec couvercle (ou un gaufrier avec plaques à croque-monsieur)

Le + de Sylvia

Vous pouvez varier et remplacer le beurre de la tartine inférieure et le fromage râpé par de la Vache-qui-Rit tartinée bien épaisse. Ajoutez quelques lamelles de truffes, ça marche aussi très bien ! Ou garnissez un croissant de la veille avec tout ça : c'est délicieux !

1 Beurrez une face de chaque tranche de pain de mie, plus ou moins généreusement.

2 Effectuez le montage. Sur une tranche de pain, face beurrée vers le haut, ajoutez une tranche de jambon repliée en deux et coupez ce qui dépasse.

3 Parsemez de fromage râpé. Couvrez d'une autre tranche de pain, face beurrée vers le haut.

4 Faites chauffer une poêle avec une noisette de beurre et déposez-y les croques.

5 Retournez-les au bout de 5 minutes sur la face beurrée si elle est bien dorée, puis couvrez pour créer un effet de four et aider le fromage à fondre.

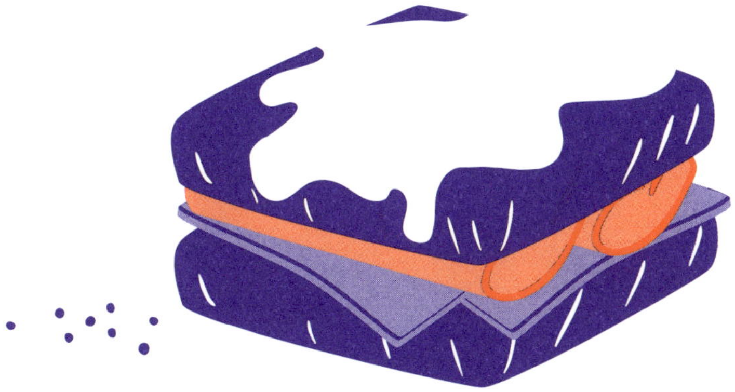

ŒUFS EN 9 FAÇONS

L'œuf est un constituant courant de notre alimentation depuis la préhistoire. Les Français en consomment autour de 200 par an en moyenne. Les nutritionnistes indiquent qu'on peut en manger 5 à 6 par semaine sans problème, mais pas plus de 3 selon certaines pathologies. On part donc sur 150 à 300 œufs par an et par personne, dans ce cas-là autant varier les préparations, pas vrai ?

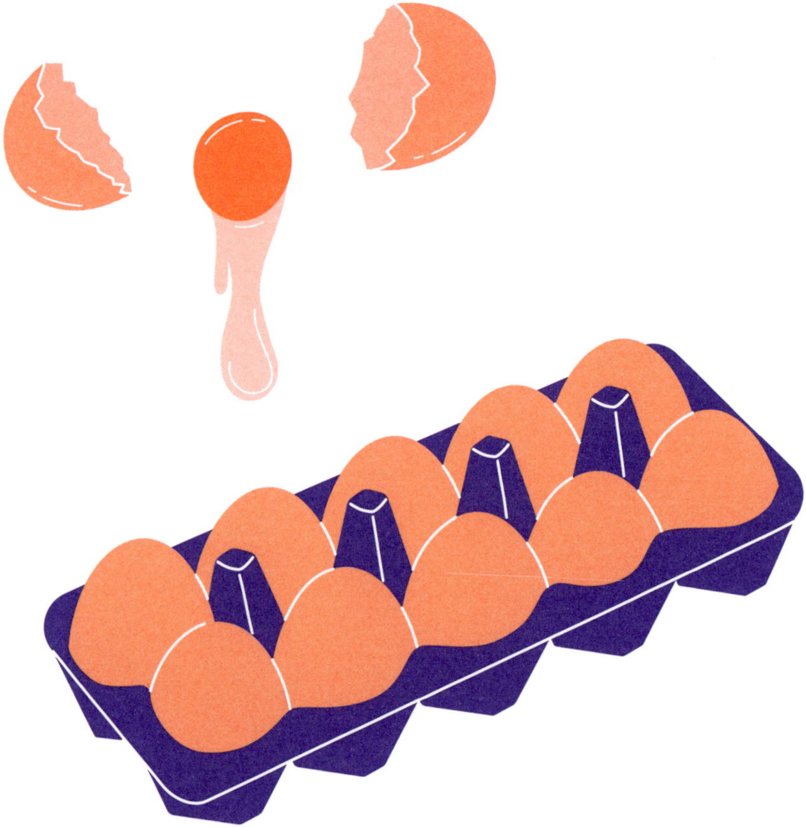

ŒUFS AU PLAT « PARFAITS »

PRÉPARATION	POUR	CUISSON
5 minutes	**4 personnes**	**3 minutes**

INGRÉDIENTS
- 4 œufs
- 4 noix de beurre
- Fleur de sel
- Poivre blanc

USTENSILES
- 4 bols
- Poêle avec couvercle

1 Cassez les œufs un à un : récupérez chaque blanc d'œuf dans un bol et gardez les jaunes dans une demi-coquille.

2 Faites chauffer une poêle beurrée à feu moyen.
Quand le beurre est noisette – pas au-delà – versez un blanc d'œuf.

3 Quand le blanc a coagulé, versez le jaune délicatement par-dessus et couvrez la poêle pendant 2 minutes. Renouvelez l'opération avec les autres œufs. Salez, poivrez et servez.

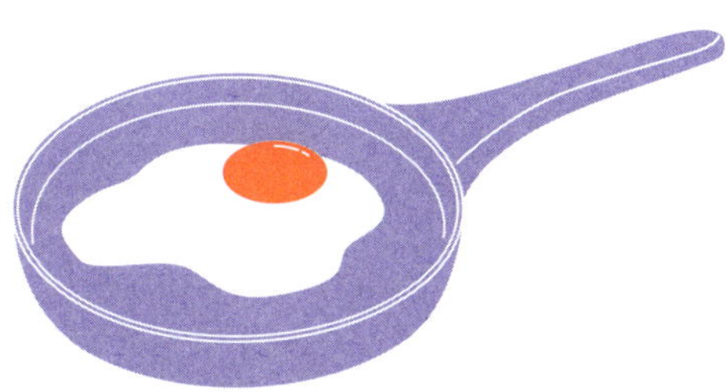

ŒUFS BROUILLÉS

PRÉPARATION	POUR	CUISSON
5 minutes	**4 personnes**	**5 minutes**

INGRÉDIENTS

- 8 œufs
- 6 c. à s. de crème liquide à 35 % de MG
- 1 noix de beurre
- 1 botte de ciboulette
- Sel, poivre

USTENSILES

- Casserole
- Fouet
- Saladier

1 Fouettez les œufs en omelette dans un saladier, ajoutez la crème, salez et poivrez.

2 Faites chauffer une casserole sur feu doux avec la noix de beurre.

3 Quand le beurre a fondu, ajoutez les œufs battus et remuez sans cesse pendant 4 à 5 minutes pour ne pas que cela accroche lors de la cuisson.

4 Ajoutez la ciboulette ciselée, et dégustez.

ŒUFS À LA COQUE

PRÉPARATION	POUR	CUISSON
5 minutes	**4 personnes**	**4 minutes**

INGRÉDIENTS
- Pain
- 4 œufs
- Beurre

USTENSILES
- Casserole
- 4 coquetiers (ou tasses à expresso)
- Écumoire ou une louche

1 Faites chauffer de l'eau dans une casserole.

2 Préparez des mouillettes (si vous ne savez pas de quoi il s'agit, regardez le film culte *Papy fait de la Résistance* de Jean-Marie Poiré, sorti en 1983).

3 Lorsque l'eau est à ébullition, déposez délicatement les œufs dans la casserole à l'aide d'une écumoire ou d'une louche. Comptez 4 minutes de cuisson.

4 Retirez les œufs à l'aide du même ustensile et servez dans des coquetiers.

ŒUFS À LA COCOTTE « PARFAITS »

PRÉPARATION	POUR	CUISSON
10 minutes	**4 personnes**	**15 minutes**

INGRÉDIENTS
- 1 gousse d'ail
- 2 c. à s. d'huile d'olive
- 8 gros champignons à farcir
- 4 c. à s. de crème liquide à 35 % de MG
- 4 gros œufs ou 8 petits
- Sel, poivre

USTENSILES
- 4 bols
- Plat à gratin pour faire la cuisson au bain-marie
- Poêle
- 4 ramequins ou mini-cocottes

1 Faites revenir la gousse d'ail pelée et coupée en lamelles dans une poêle huilée pendant 2 minutes, puis ajoutez les champignons lavés et coupés en rondelles de 2 à 3 mm. Salez, poivrez. Quand ils ont rendu leur eau de végétation et commencent à accrocher, coupez le feu.

2 Versez au fond des ramequins la crème liquide, salez, poivrez, puis répartissez les champignons.

3 Préchauffez le four à 180 °C.

4 Cassez les œufs au-dessus des ramequins en réservant le jaune dans une demi-coquille ou dans un bol. Salez, poivrez.

5 Disposez les ramequins dans un plat à gratin rempli d'eau bouillante pour faire un bain-marie. Enfournez à 180 °C pendant 10 minutes.

6 Sortez le plat du four, déposez les jaunes d'œufs sur les ramequins et enfournez à nouveau pour 2 minutes.

ŒUFS DURS

PRÉPARATION	POUR	CUISSON	TREMPAGE
5 à 10 minutes	**4 personnes**	**10 minutes**	**5 minutes**

INGRÉDIENTS
- 4 œufs pas trop frais*

USTENSILES
- Casserole

1 Faites cuire les œufs dans une casserole remplie d'eau en comptant 10 minutes à partir de la première ébullition.

2 Jetez l'eau et les œufs dans l'évier, en brisant un peu leur coquille, puis remettez les œufs dans la casserole en faisant couler de l'eau froide par-dessus. Laissez tremper 5 minutes.

3 Écalez les œufs, qui une fois trempés seront plus faciles à décortiquer.

4 Pour la mayo en accompagnement, choisissez parmis les huit variantes page 102.

*Plus les œufs sont frais, plus ils seront difficiles à écaler.

ŒUFS MOLLETS

PRÉPARATION	POUR	CUISSON
5 minutes	**4 personnes**	**6 minutes**

INGRÉDIENTS
- 4 œufs

USTENSILES
- Casserole
- Écumoire

1 Faites bouillir une casserole d'eau.

2 Plongez les œufs dans l'eau bouillante avec l'écumoire et comptez 6 minutes de cuisson.

3 Retirez les œufs à l'aide de l'écumoire et plongez-les dans un bain d'eau froide pour arrêter la cuisson.

4 Écalez-les précautionneusement.

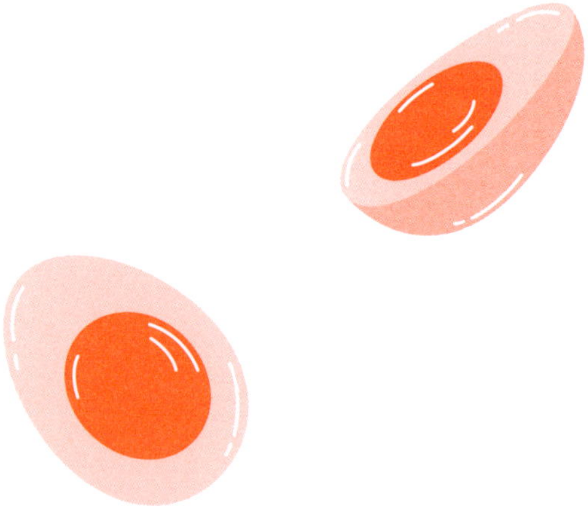

ŒUFS POCHÉS

PRÉPARATION	POUR	CUISSON
30 minutes	**4 personnes**	**24 minutes**

INGRÉDIENTS
- 4 œufs
- 2 c. à s. de vinaigre blanc si vous ne disposez pas de « cuit-œuf poché »

USTENSILES
- Casserole
- « Cuit-œuf poché »
- Écumoire
- Papier absorbant

1 Faites bouillir une casserole d'eau.

2 Si vous disposez d'un « cuit-œuf poché », versez l'œuf dans le cuit-œuf et plongez-le dans l'eau bouillante. Comptez 6 minutes de cuisson.

3 Sinon, ajoutez 2 cuillerées à soupe de vinaigre blanc par œuf à cuire dans l'eau, versez le premier œuf au centre de la casserole et remuez avec une cuillère en faisant en sorte d'amalgamer le blanc autour du jaune au fur et à mesure qu'il coagule.

4 Au bout de 6 minutes, retirez l'œuf avec l'écumoire, déposez-le sur une assiette couverte de papier absorbant et répétez l'opération.

OMELETTE

PRÉPARATION	POUR	CUISSON	REPOS
10 minutes	**4 personnes**	**8 minutes**	**5 minutes**

INGRÉDIENTS
- 8 œufs
- 3 c. à s. de lait entier
- 2 petits morceaux de pain
- 2 c. à s. d'huile neutre
- Sel, poivre

GARNITURES AU CHOIX
- Lardons, chorizo, champignons, courgettes, poivrons, jambon, fromage, ciboulette, oseille, chips
- 2 c. à s. d'huile neutre

USTENSILES
- Fouet
- Poêle
- Saladier

1 Faites revenir la garniture dans une poêle huilée, hormis le jambon, le fromage, la ciboulette, l'oseille et les chips qui n'ont pas besoin de précuisson.

2 Salez, poivrez. Réservez 5 minutes pour laisser refroidir avant l'étape suivante.

3 Fouettez les œufs dans un saladier, salez, poivrez. Ajoutez la garniture choisie.

4 Faites chauffer (à nouveau) la poêle huilée à feu vif. Versez une goutte d'œufs battus pour contrôler la température : si la goutte crépite, versez le contenu du saladier, baissez le feu immédiatement, essuyez le saladier avec les 2 bouts de pain (truc de ma grand-mère pour ne rien perdre des œufs battus) et posez chaque morceau aux endroits qui deviendront les « bouts de l'omelette ».

5 Repliez l'omelette sur elle-même et quand elle vous semble « baveuse à point », faites-la glisser sur un plat de service et découpez. Personnellement, je me réserve une des deux extrémités avec le petit morceau de pain bien moelleux !

ORSINI

PRÉPARATION	POUR	CUISSON
10 minutes	**4 personnes**	**10 minutes**

INGRÉDIENTS
- 4 œufs
- 35 g de parmesan râpé
- 2 noix de beurre
- Sel, poivre

USTENSILES
- Batteur
- 4 plats à crème brûlée
- Saladier
- 4 bols

1 Cassez les œufs au-dessus d'un saladier en récupérant le jaune dans une demi-coquille ou dans un bol.

2 Fouettez les blancs en neige avec 1 pincée de sel. Ajoutez le parmesan.

3 Enfournez les plats à crème brûlée au four préchauffé à 180 °C pendant 3 minutes le temps de les chauffer légèrement.

4 Enduisez les parois des petits plats de beurre – ainsi préchauffés, ça se fait facilement, en promenant le morceau de beurre au bout d'une fourchette sur les parois.

5 Versez les blancs montés dans les plats beurrés en fabriquant un petit nid au centre, et enfournez 5 à 7 minutes.

6 Sortez les plats du four, déposez les jaunes dans le nid et enfournez à nouveau pour 2 minutes.

Le + de Sylvia

Servez avec une salade verte, et hop au lit !

RILLETTES D'APÉRO

PRÉPARATION	POUR	CUISSON
15 minutes	**4 personnes**	**Aucune**

Les rillettes de poisson annoncent un apéro sans cacahuètes, ce qui est meilleur pour notre santé, et permet de proposer en prime une farandole de légumes frais de saison : c'est doublement meilleur !

INGRÉDIENTS

- 1 boîte de thon au naturel (140 g)
- 1 barquette de fromage frais (St-Môret ou Philadelphia)
- 1 c. à s. de moutarde
- 1 c. à c. du vinaigre des câpres
- 1 échalote
- 1 c. à s. de câpres
- Ciboulette

LÉGUMES À TREMPER

- 1 carotte
- 1 tronçon de concombre
- 1 poignée de radis
- 1 poignée de tomates cerises
- 3 bouquets de choux-fleurs

USTENSILES

- Fourchette

1 Écrasez le thon égoutté à l'aide d'une fourchette. Ajoutez-y le fromage frais, la moutarde et le vinaigre.

2 Pelez et hachez l'échalote, ajoutez-la au mélange précédent, ainsi que les câpres et mélangez cette fois sans écraser.

3 Préparez les légumes : pelez la carotte et le concombre, et coupez le tout en morceaux longs si possible de même taille. Lavez les radis et les tomates cerises, détaillez les choux-fleurs en mini-fleurettes, et disposez le tout sur la table basse.

Le + de Sylvia

Vous pouvez varier avec des sardines en boîte
ou des maquereaux, un peu plus forts en goût…
Pas forcément au goût de tout le monde,
mais riches en oméga-3 bons pour tout le monde !
Réservez les variétés de ventrèches de thon à l'huile,
et de sardines millésimées, qui sont toutes deux des Roll's,
pour une dégustation non-écrasée à savourer.

SALADE COMPOSÉE

1 001 VARIATIONS NATIONALES OU RÉGIONALES, EN 3 BASES

PRÉPARATION **15 minutes**	CUISSON **20 minutes maximum**

La salade composée permet de faire un tour de France, voire un tour du monde dans son assiette, de croquer les saisons, de mettre en œuvre sa créativité culinaire, et de donner la part belle au végétal. Les 3 bases que je propose permettent de couvrir une majorité des recettes classiques, la liste des ingrédients potentiels, elle, est infinie ! Et quand on pense que la dernière tendance du moment est d'y ajouter des fruits... !

INGRÉDIENTS

BASE TOMATE

(salade caprese, salade grecque, salade niçoise...)

- Tomates, concombre, radis, poivron, artichaut poivrade, avocat, oignon rouge ou nouveau, haricots verts, œufs durs, mozzarella ou feta, olives, thon au naturel, filets d'anchois, sel, poivre

BASE FÉCULENTS OU LÉGUMINEUSES

(salade périgourdine, salade comtoise, salade piémontaise, nordique...)

- Pommes de terre, riz, pâtes, lentilles, haricots blancs, pois chiches, fromage type gruyère ou comté, jambon, cornichons, câpres, poisson fumé, quelques crudités en mineur (tomates, salade), sel, poivre

BASE SALADE VERTE

(salade César, salade lyonnaise, salade nantaise...)

- Laitue, pissenlit, mâche, œufs pochés, saucisson chaud, lardons, sel, poivre

USTENSILES

- Saladier
- Vinaigrette ou mayonnaise ou autre *(voir p 97)*

1 Piochez ce que vous voulez dans les ingrédients de chaque « base », avec l'assurance que tout ira bien ensemble.

2 Pelez les pommes de terre et coupez-les en rondelles. Éboutez les haricots verts.

3 Faites cuire les pommes de terre et les haricots verts à l'eau bouillante salée environ 20 minutes.

4 Faites cuire les autres ingrédients : riz*, pâtes*, lentilles*, petits pois et sojas*, haricots blancs** et pois chiches** (et pour ces trois derniers, autorisez-vous les surgelés, les conserves ou les bocaux) et éventuellement des céréales ou néo-céréales***.

5 Épluchez et hachez l'oignon, préparez les légumes laissés crus et recoupez les ingrédients secondaires.

6 Préparez l'assaisonnement choisi.

7 Montez la salade au dernier moment. Placez les couverts à salade en croix dans le saladier, surtout s'il s'agit de « base salade verte », afin de maintenir les feuilles loin de l'assaisonnement au fond du saladier, ou versez celui-ci au dernier moment, et mélangez.

Le + de Sylvia

Ça va sans dire : ajoutez des herbettes à foison : basilic, persil, ciboulette, cerfeuil, estragon, aneth, coriandre. Vous pouvez varier avec des graines germées ou des jeunes pousses, algues et autre sarrasin grillé (kasha) qui apporteront un petit croustillant, des fruits à coque (cacahuètes, noix, noix de cajou, pignons ou amandes torréfiés) ou bien des petits croûtons : la salade composée est customisable à l'infini !

LES CUISSONS

*Riz, pâtes, lentilles, petits pois et aussi soja (edamame)

Riz.

Rincez le riz à l'eau froide dans une passoire fine jusqu'à ce que l'eau soit claire, puis cuisez-le à la créole :
dans une grande quantité d'eau non salée comme les Asiatiques (ou avec du sel si vous préférez), 20 minutes en moyenne, sauf riz spécial.
Égouttez et rincez à l'eau tiède avant de servir.

Pâtes.

Portez à ébullition une grande quantité d'eau.
À raison de 10 g de sel par litre, salez juste avant de verser les pâtes.
Suivez les indications de l'emballage pour un résultat *al dente*, 10 minutes en moyenne. Goûtez pour vérifier.

Lentilles.

Sans les trier, rincez-les, puis faites-les cuire dans trois fois dans leur volume d'eau. Comptez 30 minutes de cuisson en général et salez à la fin. Goûtez pour vérifier.

Petits pois.

Écossés : 10 minutes de cuisson à l'eau salée.
Surgelés : suivez les indications sur le paquet.

Edamame.

On les trouve surgelés, avec ou sans la cosse qui ne se mange pas.
Suivez les indications sur l'emballage.
Sans la cosse, faites cuire la quantité que vous souhaitez, 5 minutes à l'eau salée, ou au four à micro-ondes.

**Haricots blancs secs et pois chiches

Légumineuses sèches.
Elles nécessitent un trempage de 8 heures minimum afin de neutraliser leur première enveloppe,
celle qui empêche les nutriments de fuir hors du grain,
mais nous empêcherait aussi de bien les assimiler, donc d'en tirer le meilleur profit. Le trempage permet aussi de réduire le temps de cuisson. Après trempage, rincez-les plusieurs fois.
Versez les haricots ou les pois chiches égouttés dans une grande casserole, couvrez-les largement d'eau froide non salée puis faites-les cuire pendant 30 à 50 minutes. Salez à la fin.

Haricots blancs frais.
Écossez-les, et faites-les cuire départ eau froide non salée, comme indiqué ci-dessus.

Conserve ou bocaux.
Les qualités nutritionnelles des légumineuses sont préservées. Égouttez puis rincez-les car leur liquide de trempage est bien trop salé, puis réchauffez et assaisonnez.

***Céréales

Blé, boulgour, couscous, épeautre, freekeh (variété de blé dur vert torréfié), orge, millet, sarrasin… ou néo-céréales (quinoa).
Certaines sont plus longues à cuire que d'autres (blé et petit épeautre : 10 minutes, épeautre et freekeh : 45 minutes), et d'autres cuisent plus vite si on les fait tremper la veille ou si elles sont pré-cuites. Dans tous les cas, suivez les indications de l'emballage.

SOUPE ASIATIQUE AUX VERMICELLES DE RIZ

PRÉPARATION	POUR	CUISSON
15 minutes	**4 personnes**	**25 minutes**

L'épisode de l'Indochine a fait découvrir à la France entière des recettes de soupes chaudes et épicées inconnues auparavant. La diaspora chinoise a fait découvrir les nouilles de riz, et la créativité de tous a contribué à leur engouement.

INGRÉDIENTS
- 1 oignon
- 1 gousse d'ail
- 1 cm de gingembre
- 2 c. à s. d'huile neutre
- ½ bâton de cannelle
- 1 anis étoilé
- 1 piment
- 2 carottes
- 3 champignons de Paris
- 1,5 litre d'eau
- 2 cubes de bouillon de viande (ou 2 c. à s. de miso)
- 300 g de bœuf ou de poulet
- 1 poignée de pousses de haricots mungo
- 200 g de vermicelles de riz
- Coriandre (ou menthe, basilic thaï ou vert d'oignon nouveau)

USTENSILES
- Casserole

Le + de Sylvia

Servez avec de la sauce soja sur la table en guise de sel, comme partout en Asie. Vous pouvez remplacer par des nouilles plus épaisses, qui réclameront une cuisson plus longue dans une casserole à part, des ramen ou des udon marchent très bien aussi.

1 Épluchez et hachez l'oignon, l'ail et le gingembre, faites chauffer une casserole huilée et faites-y revenir le hachis.
Ajoutez la cannelle, l'anis étoilé et le piment coupé en rondelles.

2 Pelez les carottes et coupez-les en petits morceaux d'environ 20 cm.
Ajoutez-les dans la casserole ainsi que les champignons lavés et coupés en lamelles de 2 à 3 mm d'épaisseur.

3 Ajoutez l'eau et les 2 cubes dans la casserole.
Portez à ébullition et laissez frémir sur feu doux 15 minutes.

4 Ajoutez la viande coupée en lamelles de 5 mm d'épaisseur et laissez frémir encore 5 minutes.

5 Ajoutez les pousses de haricots mungo.

6 À la reprise de l'ébullition, ajoutez les vermicelles de riz, coupez le feu et servez dans des grands bols en ajoutant la coriandre effeuillée.

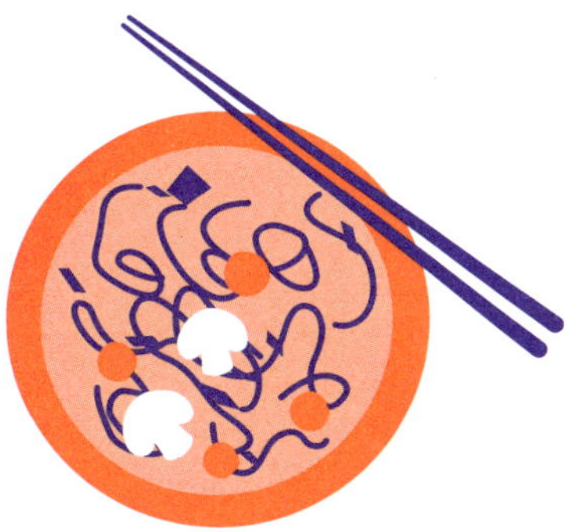

TABOULÉ

PRÉPARATION	POUR	CUISSON
15 minutes	**4 personnes**	**Aucune**

Originaire du Liban, le mot « taboulé » vient du mot arabe « *tabbala* » qui signifie « assaisonner ». Confectionné avec plus ou moins de persil, et de la tomate, la recette n'en finit pas d'évoluer depuis la découverte de la tomate au XVe siècle. Personnellement, je préfère quand il se rapproche le plus possible de la recette originelle libano-syrienne : beaucoup, beaucoup, beaucoup de persil, peu de tomate, du citron, de l'oignon nouveau et juste quelques pincées de boulgour.

INGRÉDIENTS

- 2 ou 4 bottes de persil (selon leur taille)
- 4 tiges de menthe
- 2 oignons nouveaux
- 1 tomate
- 1 ou 2 citrons
- 4 c. à s. d'huile d'olive
- 1 c. à s. de boulgour
- Sel, poivre

USTENSILES

- Couteau bien aiguisé
- Saladier

1 Hachez le persil et les feuilles de menthe avec un couteau bien aiguisé (au robot, les herbes seraient écrasées et s'oxyderaient trop rapidement).

2 Pelez et hachez les oignons avec leur tige.

3 Hachez la tomate en petits dés de 1 cm.

4 Mélangez le tout dans un saladier, arrosez de jus de citron et d'huile d'olive, salez, poivrez.

5 Saupoudrez de boulgour, mélangez et dégustez.

Le + de Sylvia

Vous pouvez ajouter quelques épices comme du cumin par exemple. Pour les puristes, ajoutez des raisins secs, du concombre, des radis, des pignons de pin, des graines de grenade et remplacez le boulgour parcimonieux par de la semoule en quantité, relève de l'hérésie culinaire, dont on peut tenir compte… ou pas !
Quelques falafels à côté du taboulé, et nous voilà partis en voyage au Levant, mais zéro carbone !

VELOUTÉ DE LÉGUMES

PRÉPARATION 15 minutes	POUR 4 personnes	CUISSON 25 minutes

Pour moi la saison des soupes… c'est toute l'année !

INGRÉDIENTS

VELOUTÉ

- 1 oignon
- 1 c. à s. d'huile d'olive
- 1 kg de légumes* de saison
- De l'eau à hauteur + 1 cm
- 2 cubes de bouillon (facultatif)
- 4 c. à s. de crème au choix (liquide ou épaisse)
- Sel, poivre

TOPPINGS

- Lardons
- Croûtons
- Noisettes ou amandes torréfiées
- Herbettes ciselées
- Fromage en cubes ou râpé

USTENSILES

- Marmite
- Mixeur
- Sauteuse

Le + de Sylvia

J'utilise les cubes de bouillon uniquement lorsque je ne mets pas d'oignons. Dans ce cas, je zappe également l'étape de faire blondir, et ça va plus vite.
Investir dans un robot cuiseur quand on aime les soupes, ça a du sens, pensez-y à Noël prochain !
Enfin, si vous aviez dans l'idée de préparer un petit bouillon maison, le goût de vos soupes serait bien sûr incomparable !

1 Pelez l'oignon et taillez-le en petits dés.
Faites chauffer une sauteuse huilée, puis faites-y blondir l'oignon.

2 Ajoutez les légumes coupés en cubes, l'eau chaude, éventuellement les cubes de bouillon et portez à frémissement 20 minutes.

3 Mixez, vérifiez l'assaisonnement puis ajoutez la crème et le topping de votre choix.

*Quelques suggestions de légumes (et légumineuses) :
Tous types de courges (pelées) ; potimarron (qui n'a pas besoin lui d'être pelé: ça nous arrange !) patates douces ; carottes ; tomates ; potiron, poireaux et haricots cocos (selon la délicieuse recette de Mamie Jacqueline) ; champignons de Paris et 2 pommes de terre; 4 poireaux et 3 pommes de terre; 5 endives et 1 pomme de terre; les fanes de 2 bottes de radis, cresson ou épinards, et 2 pommes de terre ; carottes, poireaux, navets d'hiver ou autres raves et pommes de terre ; talons d'asperges et 2 pommes de terre ; lentilles et poireaux ; brocolis (et toppings : amandes effilées
et fromages bleu, ou pleurotes sautés, dés de potiron et marrons) ; courgettes (et toppings : Vache qui Rit ou roquefort)...

Arrêtez-moi, je pourrais en faire tout un livre !

LÉGUMES & VÉGÉTARIEN

CAVIAR D'AUBERGINE

PRÉPARATION	POUR	CUISSON
15 minutes	**4 personnes**	**40 minutes**

Ce plat typique de la cuisine méditerranéenne est bizarrement passé par la Russie pour établir son patronyme. Son nom proviendrait d'une traduction erronée d'une vieille recette russe. Du coup tant mieux, ça nous permet de proposer du caviar à table aussi souvent qu'on le souhaite ! C'est la seule recette végétale qui a le droit d'utiliser commercialement le mot caviar sans en être.

INGRÉDIENTS

- 2 aubergines
- 2 gousses d'ail
- 4 c. à s. d'huile d'olive
- Gros sel
- Poivre

FACULTATIF

- 1 c. à c. de cumin moulu
- 2 c. à s. de coriandre ciselée

USTENSILES

- Papier sulfurisé
- Plaque du four
- 2 plats

Le + de Sylvia

C'est une de mes recettes de légumes favorites, car elle est tellement polyvalente. En tartinade, avec viande, poisson, mozzarella, pâtes ou légumineuses, le caviar d'aubergine, c'est la « petite robe noire » de la cuisine, et en plus, on peut le préparer pendant presque la moitié de l'année ! Je fais une variante japonaise en tartinant les aubergines quadrillées avec un mélange de pâte miso, d'ail pressé, de miel et d'huile de sésame, avant et après la cuisson au four : un délice !

1 Lavez les aubergines et coupez-les en deux dans le sens de la longueur, puis faites quelques quadrillages dans la pulpe à l'aide d'un couteau.

2 Pelez les gousses d'ail, détaillez-les en lamelles et insérez-les dans les fentes de la chair d'aubergine. Versez un trait d'huile d'olive par-dessus et salez au gros sel.

3 Faites cuire les aubergines au four préchauffé à 180 °C pendant 40 minutes.

4 Laissez tiédir puis prélevez la pulpe, et jetez la peau.

5 Ajoutez le cumin, poivrez et écrasez la pulpe à la fourchette, ou mixez pour un résultat plus homogène.

6 Rectifiez l'assaisonnement et ajoutez la coriandre juste avant de servir.

GALETTES DE LÉGUMES

PRÉPARATION	POUR	CUISSON
15 minutes	**4 personnes**	**45 minutes**

L'appellation de « steak végétal » a été interdite sur les emballages de préparations végétales à base de soja, pois et autres légumes secs, pour ne pas créer de confusion chez le consommateur faisant ses courses précipitamment. **Pourtant, c'est bien de ceci dont il s'agit : une alternative végétale à la viande, et c'est très bon.**

INGRÉDIENTS

- 100 g de céréales (riz, blé ou quinoa)
- 100 g de légumineuses (pois, fèves, pois chiches ou lentilles)
- 1 cube de bouillon éventuellement
- Légumes (2 carottes, 1 oignon, 1 navet)
- 100 g de gruyère (ou feta)
- 1 œuf
- 2 c. à s. d'huile neutre
- Sel, poivre

USTENSILES

- Casserole
- Poêle
- Râpe
- Saladier

1 Faites cuire la céréale choisie pendant 20 minutes dans de l'eau bouillante salée.

2 Faites cuire les légumineuses à l'eau bouillante salée (ou additionnée d'un cube de bouillon) pendant 45 minutes (ou utilisez une conserve si vous êtes pressés).

3 Pelez les légumes et coupez-les en tout petits dés (brunoise).

4 Faites-les sauter dans une poêle légèrement huilée pendant 10 à 15 minutes. Salez, poivrez.

5 Mélangez les trois préparations. Ajoutez le fromage râpé et l'œuf pour lier le tout.

6 Formez des petites galettes avec vos mains préalablement mouillées, et faites-les cuire 5 minutes de chaque côté dans la poêle huilée.

Le + de Sylvia

Vous pouvez également ajouter des herbettes (ciboulette, persil, tiges d'oignon nouveau) ou des épices (curry, cumin) à vos galettes. Servez-les dans un pain à hamburger avec des rondelles de tomate et d'oignon rouge, de la salade, du guacamole et du cottage cheese, ou du yaourt additionné de moutarde. *Yes we can*... végétaliser le hamburger !

LÉGUMES RÔTIS

PRÉPARATION	POUR	CUISSON
15 minutes	**4 personnes**	**25 à 40 minutes**

Les légumes vapeur, c'est bien, mais lorsqu'on leur applique la même cuisson que la viande – rôtis au four, poêlés ou grillés au barbecue –, ça change le goût ! Et ça change tout ! Redécouvrez-les !

INGRÉDIENTS
- Légumes au choix
- 2 gousses d'ail
- 2 c. à s. d'huile d'olive
- 3 c. à s. de pignons (graines ou fruits à coques : noix, amandes...)
- Sel, poivre

AUTOMNE
- 1,250 kg de mélange d'aubergines, champignons, carottes
- Ciboulette pour servir

HIVER
- ½ potimarron
- 500 g de butternut
- 1 patate douce
- 3 carottes
- 1 oignon
- 4 pincées de safran, cannelle ou cinq-épices
- Persil pour servir

PRINTEMPS
- 1,250 kg de mélange de chou-fleur, carottes, poivrons, oignons nouveaux
- 1 c. à c. d'épices orientales
- Basilic pour servir

ÉTÉ
- 4 courgettes
- 2 aubergines
- 8 champignons à farcir
- 1 citron confit
- 2 c. à s. de câpres
- 1 oignon
- 1 c. à c. d'épices (curcuma, curry, coriandre)
- Coriandre pour servir

USTENSILES
- Papier sulfurisé
- Plaque du four
- Presse-ail

1 Pelez les légumes et coupez-les en dés de même taille.

2 Disposez les dés de légumes sur la plaque recouverte de papier sulfurisé. Ajoutez l'ail pelé et pressé. Salez, poivrez, ajoutez l'huile en filet, dispersez les pignons et les épices le cas échéant.

3 Faites cuire dans un four préalablement préchauffé à 190 °C pour 25 à 40 minutes selon la taille des découpes de légumes.

4 Servez avec l'herbe de saison ciselée.

Le + de Sylvia

L'idéal pour la planète est de préparer vos légumes pour au moins deux repas, vous économisez ainsi l'énergie avec une seule cuisson.
Et que faire de ces beaux légumes rôtis ?
Servez-les sous forme de « bowls » (grands bols de plat complet, végé ou pas) : ajoutez à convenance quelques crudités (tomates, salade, carottes râpées ou en bâtonnets…), des pâtes, des légumineuses, du poulet grillé, un tartare de poisson, une boule de burrata, et une petite sauce pour faire twister le tout *(voir p. 97)*.

RATATOUILLE

PRÉPARATION	POUR	CUISSON
15 minutes	**4 personnes**	**45 minutes**

La ratatouille est un plat typique de la cuisine du soleil, qui peut mijoter longtemps sans qu'on s'en occupe, et se déguster chaud ou froid. Sa souplesse de dégustation en fait un plat nécessaire à votre savoir-faire.

INGRÉDIENTS

- 2 oignons
- 3 gousses d'ail
- 4 c. à s. d'huile d'olive
- 2 poivrons
- 5 tomates
- 2 courgettes
- 1 aubergine
- 20 cl de coulis de tomate
- 1 petit piment (ou paprika ou piment d'Espelette)
- 1 brin de thym
- 1 brin de romarin (ou 1 c. à c. d'herbes de Provence)
- Sel, poivre
- 1 petit verre d'eau (au besoin)

USTENSILES

- Cocotte

Le + de Sylvia

Servez avec du poisson grillé, de la viande ou une boule de burrata, et s'il en reste, recyclez-le en crumble de ratatouille. Pour cela, mélangez du bout des doigts : 3 c. à s. de petits flocons d'avoine, 2 c. à s. de farine, 3 c. à s. de pignons torréfiés, ½ sachet de parmesan et 100 g de beurre mou. Émiettez sur le reste de ratatouille et passez au four 20 minutes. Miam !

1 Pelez et hachez les oignons et les gousses d'ail. Faites-les dorer dans une cocotte avec l'huile.

2 Épépinez les poivrons, coupez-les en gros cubes de 2 cm, et ajoutez-les dans la cocotte.

3 Faites de même avec les tomates lavées et coupées en rondelles de 1 cm, les courgettes coupées en rondelles de 1 cm, et l'aubergine en cubes de 2 cm.

4 Ajoutez le coulis, le piment, le thym, le romarin, salez, poivrez et laissez cuire à feu moyen 40 minutes en remuant de temps en temps pour éviter que les légumes n'accrochent au fond de la cocotte.

5 Au besoin, ajoutez un petit verre d'eau.

RISOTTO (DE RIZ OU AUTRES)

PRÉPARATION	POUR	CUISSON
15 minutes	**4 personnes**	**30 minutes**

Le risotto est une des vedettes de nos plats d'adoption de la cuisine transalpine. On le réalise avec du riz et pas n'importe lequel : rond, forcément, variété Arborio ou Carnaroli. Ou alors on twiste le plat en le réalisant avec des petites pâtes (coquillettes, langues d'oiseau ou mini penne), de l'orge perlé ou du petit épeautre. Essayez, c'est tout aussi délicieux.

INGRÉDIENTS
- 1,5 litre d'eau
- 3 cubes de bouillon de légumes
- 4 pincées de safran en filaments
- 300 g de riz Arborio
- 1 oignon
- 50 g de beurre
- 1 c. à s. d'huile d'olive
- 12 cl de vin blanc
- 200 g de parmesan râpé
- Sel, poivre

USTENSILES
- Casserole
- Sauteuse

Le + de Sylvia

Moi qui suis une « légumaniaque » – c'est d'ailleurs le titre d'un de mes livres ☻ – j'aime préparer mon risotto en y ajoutant des légumes : par exemple des champignons ou une courge butternut coupée en cubes et mise dans la sauteuse au tout début, avant le riz.
Et en été, pensez aux courgettes ou aux petits pois…
Vous pouvez également ajouter quelques noisettes torréfiées pour le croquant et une cuillerée à soupe de mascarpone pour plus d'onctuosité.
Notez que les robots cuiseurs qui savent « cuire & remuer » sont excellents pour ce genre de cuisson.

1 Dans une casserole, faites chauffer 1,5 litre d'eau, ajoutez les cubes de bouillon de volaille et maintenez sur feu doux à frémissement.

2 Ajoutez le safran juste avant de commencer à verser le bouillon dans le riz.

3 Pelez l'oignon et taillez-le en petits dés de 0,5 cm. Faites fondre le beurre dans une sauteuse avec l'huile, puis faites-y blondir l'oignon.

4 Ajoutez le riz et faites-le nacrer. Quand il devient translucide, versez le vin blanc.

5 Quand le riz a absorbé le vin, ajoutez une louche de bouillon tout en remuant.

6 Pour finir, ajoutez le bouillon louche après louche en remuant constamment.

7 Au bout d'une vingtaine de minutes, vérifiez la cuisson du riz : il doit être *al dente*.

8 Ajoutez le parmesan râpé et un tour de moulin à poivre. Servez tout de suite.

WOK

PRÉPARATION	POUR	CUISSON
15 minutes	**4 personnes**	**15 minutes**

Le wok est comme le tagine : c'est le contenant qui a donné son nom au contenu. Cette poêle bombée, avec ou sans manche, nous vient du Sud de la Chine. Son nom signifie « chaudron » en cantonnais, et présente l'avantage de saisir et cuire en même temps, grâce à une grande surface de chauffe ne nécessitant qu'une petite source de chaleur. Il permet de tout cuire, tout, comme disent les Chinois, ce qui veut dire presque.

INGRÉDIENTS

- 600 g de légumes (carottes, courgettes, aubergines, poivrons, champignons de Paris, pak choï ou chou chinois, pousses de soja)
- 1 oignon
- 1 gousse d'ail
- 1 cm de gingembre
- 2 c. à s. d'huile neutre
- 1 c. à s. d'épices en poudre (quatre ou cinq-épices, curry...) ou en pâte (de curry, par exemple)
- Piment en poudre (d'Espelette par exemple)
- 3 c. à s. de sauce soja japonaise
- 2 c. à s. d'huile de sésame
- 8 tiges de coriandre

USTENSILES

- Wok

Le + de Sylvia

Servez éventuellement avec du riz blanc.
Un wok peut aussi bien sûr servir à cuire un mélange de viandes (poulet, porc, veau ou bœuf) ou de produits de la mer (poisson et crevettes) et de légumes.
Saisissez la viande ou le poisson juste avant d'ajouter les légumes, réservez sur une assiette puis faites cuire les légumes, et assemblez le tout en toute fin de cuisson.

1 Préparez les légumes : pelez les carottes et coupez-les en bâtonnets de 5 cm, lavez et coupez les courgettes et les aubergines en dés de 3 cm, lavez et coupez les poivrons et les champignons en lamelles de 1 cm, rincez les pak choi et les pousses de soja.

2 Épluchez et hachez l'oignon et l'ail, pelez le gingembre et hachez-le. Huilez le wok et faites-y revenir l'oignon, l'ail et le gingembre hachés avec l'épice choisie sans cesser de remuer.

3 Ajoutez les légumes racines, puis les autres légumes, et enfin les pousses de soja dans les 3 dernières minutes de cuisson. Remuez sans cesse jusqu'à ce que le mélange soit cuit, mais encore croquant.

4 Ajoutez la sauce soja puis l'huile de sésame et la coriandre effeuillée.

VIANDES

BLANQUETTE DE VEAU

PRÉPARATION	POUR	CUISSON
20 minutes	4 personnes	1 heure minimum

L'origine de la blanquette de veau se perd dans les limbes de l'histoire de la gastronomie française. Deux certitudes : c'est un plat emblématique de notre cuisine familiale, et chaque région non seulement en revendique la paternité, mais l'arrange à sa sauce, qui est invariablement blanche.

INGRÉDIENTS

- 1 kg de blanquette de veau avec et sans os (épaule et tendron)
- 4 gousses d'ail
- 1 carotte
- 1 poireau
- 1 petit oignon piqué de 2 clous de girofle
- 1 bouquet garni (thym, laurier, persil)
- 250 g de riz
- 1 c. à s. d'huile neutre
- 50 g de beurre
- 1 c. à s. de farine
- 1 jaune d'œuf
- 2 c. à s. de crème fraîche épaisse
- ½ citron
- 1 bouquet d'estragon ou de cerfeuil
- Sel, poivre

GARNITURE DE LÉGUMES DE PRINTEMPS

- 8 gros champignons de Paris
- 1 botte de carottes fanes
- 1 botte d'oignons nouveaux

GARNITURE DE LÉGUMES D'AUTOMNE - HIVER

- ½ potimarron
- 6 topinambours
- 1 panais
- 3 carottes

USTENSILES

- Casserole
- Cocotte
- Écumoire
- Fouet
- Passoire
- Sauteuse

Le + de Sylvia

Les légumes oubliés apportent un bouquet de saveurs originales et donnent paradoxalement un air de jeunesse à ce plat ancien. Faites apprécier à vos convives le goût de châtaigne du potimarron et la saveur d'artichaut des topinambours.

1 Découpez la viande en morceaux de 6 cm. Mettez-les dans une cocotte, couvrez d'eau froide et portez à ébullition lentement. À l'aide d'une écumoire, retirez les impuretés à la surface.

2 Ajoutez les gousses d'ail pelées et écrasées, la carotte pelée et coupée en tronçons de 5 cm, et le poireau lavé et coupé en rondelles de 2 cm. Salez, poivrez, piquez les clous de girofle dans l'oignon épluché puis ajoutez-le avec le bouquet garni. Laissez mijoter à feu doux 1 heure minimum, jusqu'à l'obtention d'une viande tendre.

3 Pendant ce temps, faites revenir la garniture choisie dans une sauteuse avec la moitié du beurre. Prélevez un peu de bouillon de veau pour poursuivre la cuisson 15 minutes. Salez, poivrez et gardez au chaud sur feu minimum, à couvert.

4 Faites cuire le riz selon les indications du paquet. Réchauffez éventuellement au four à micro-ondes au dernier moment.

5 Dans une casserole, faites fondre le reste de beurre puis ajoutez la farine tout en fouettant bien pour obtenir un roux blond. Ajoutez environ 75 cl de bouillon de veau filtré et faites chauffer en continuant de fouetter jusqu'à épaississement. Vérifiez l'assaisonnement.

6 Mélangez le jaune d'œuf avec la crème et le jus de citron, et versez le tout dans la sauce blanche. Ajoutez les morceaux de viande, mélangez le tout.

7 Dressez la blanquette au centre d'un grand plat avec le riz et les légumes, et saupoudrez le tout d'estragon ou de cerfeuil ciselé.

CURRY

PRÉPARATION **15 minutes**	POUR **4 personnes**	CUISSON **20 minutes**

À l'origine, le curry est un mélange d'épices indien et par synecdoque, il désigne le plat avec lequel on le confectionne. Au temps de l'Empire Colonial, les Britanniques ont rapporté épices et recettes dans leurs bagages, et les ont diffusées partout dans le monde. Les currys thaïlandais et malaisiens possèdent leur propre histoire, et les japonais leurs recettes particulières.

INGRÉDIENTS

- 4 suprêmes de poulet
- 250 g de riz blanc basmati ou thaï
- Huile d'olive
- 3 c. à s. de pâte de curry vert (doux) ou rouge (fort)
- 4 gousses d'ail
- 1 oignon
- 1 cm de gingembre
- 1 tomate
- 2 courgettes
- 20 cl de lait de coco
- ½ citron
- 12 tiges de coriandre
- Sel, poivre

USTENSILES

- Casserole
- Cocotte

Le + de Sylvia

Un curry contient la plupart du temps les ingrédients suivants : curcuma, coriandre, cardamome, piment, cumin (ou fenugrec), gingembre, poivre, tout ceci en quantités variables, auxquels on ajoute des ingrédients secrets... et bien gardés ! Vous pouvez vous lancer dans votre propre mélange : les épices, c'est à sa guise !

1 Coupez le poulet en gros cubes de 4 cm.

2 Faites cuire le riz dans une casserole d'eau bouillante peu salée selon les indications sur l'emballage.

3 Dans une cocotte huilée, faites dorer la pâte de curry pendant 3 minutes.

4 Ajoutez les gousses d'ail pelées et écrasées, l'oignon et le gingembre pelés et hachés et la tomate coupée en dés de 1 cm.

5 Ajoutez les cubes de poulet. Quand ils sont colorés et bien enrobés de curry, ajoutez les courgettes lavées et coupées en rondelles de 2 cm, le lait de coco, un peu d'eau et laissez cuire 15 minutes sur feu doux. Salez et poivrez. Servez avec la coriandre ciselée et le citron.

ESCALOPES À LA NORMANDE

PRÉPARATION	POUR	CUISSON
15 minutes	**4 personnes**	**20 à 30 minutes**

Les mets à la crème sont généralement originaires de Normandie, région d'origine de la Roll's des crèmes : la crème d'Isigny, AOC depuis 1986. L'escalope à la Normande est constituée d'une fine tranche de viande blanche, en principe du veau, du poulet ou de la dinde, dont la finesse et la couleur s'accordent avec la blancheur immaculée de l'accompagnement.

INGRÉDIENTS
- 1 gousse d'ail
- 8 gros champignons de Paris
- 2 c. à s. d'huile neutre
- 4 fines escalopes de veau, poulet ou dinde
- 2 noix de beurre
- 30 cl de crème épaisse
- Sel, poivre

USTENSILES
- Assiette
- Poêle avec couvercle

Le + de Sylvia

Servez avec des pâtes, si vous ne faites pas carrément l'impasse sur l'escalope en réalisant une version veggie : des pâtes, des champignons et de la crème, c'est tout simple et c'est très bon !

1 Pelez et coupez la gousse d'ail en lamelles de 1 mm.
Lavez et coupez les champignons en rondelles de 1 cm.

2 Faites chauffer une poêle huilée puis faites légèrement dorer l'ail et ajoutez les champignons. Salez, poivrez.
Couvrez afin que les champignons lâchent leur eau de végétation, puis ôtez le couvercle. Quand ils commencent à accrocher, réservez-les sur une assiette.

3 Huilez à nouveau la poêle, ajoutez le beurre et saisissez les escalopes dans la poêle sur feu vif. Salez, retournez-les, puis salez l'autre face et baissez le feu jusqu'à une cuisson rosée.

4 Sortez les escalopes et réservez-les sur une assiette couverte.

5 Versez les champignons dans la poêle, déglacez avec la crème et enrobez-les bien. Remettez les escalopes, poivrez et servez.

ESCALOPES PANÉES

PRÉPARATION	POUR	CUISSON	RÉFRIGÉRATION
15 minutes	**4 personnes**	**15 minutes**	**15 minutes**

L'escalope panée nous vient d'Italie où l'« escalope milanaise » existe depuis 1183. C'est également une spécialité autrichienne la « Wiener Schnitzel » connue depuis le XVe siècle. Constituée de veau, de dinde ou de poulet, on peut également la préparer avec du porc finement découpé. La variante qui consiste à replier l'escalope et à la farcir de fromage est née en Suisse dans un ouvrage de 1949, date de naissance officielle du fameux « cordon bleu ». Quant au porc « tonkatsu » à la japonaise, il s'agit d'une variante panée puis frite.

INGRÉDIENTS

- 2 c. à s. de farine
- 2 œufs
- 100 à 200 g de chapelure
- 100 à 200 g de parmesan râpé
- 4 escalopes fines et tapées (aplaties) par le boucher dans le sens des fibres
- 2 c. à s. d'huile neutre
- 2 noix de beurre
- 1 citron
- Sel, poivre

USTENSILES

- 3 assiettes
- Poêle

Le + de Sylvia

Si les escalopes ne sont pas assez fines, vous pouvez les placer entre deux films alimentaires et les aplatir avec un rouleau à pâtisserie, pour atteindre la perfection milanaise : des « oreilles d'éléphants » !

1 Dans trois assiettes différentes, mettez respectivement la farine, les œufs battus salés et poivrés, et la chapelure nature ou un mélange à parts égales de chapelure et parmesan.

2 Trempez chaque escalope dans la farine, secouez-les pour retirer l'excédent, puis dans les œufs et enfin dans la chapelure. Réservez au réfrigérateur pendant 15 minutes pour figer la panure contre la viande.

3 Faites chauffer l'huile dans une poêle, ajoutez les noix de beurre et faites cuire les escalopes 5 à 10 minutes de chaque côté en surveillant bien (feu vif puis feu doux) pour dorer la panure sans la brûler.

4 Servez avec un quartier de citron.

MIJOTÉ

PRÉPARATION	POUR	CUISSON	MARINADE
15 minutes	**8 personnes**	**3 heures**	**3 heures**

Le bœuf dit « mijoté », « braisé » ou « en daube » couvre une large palette de recettes traditionnelles, inventées au bord des canaux provençaux au XIXe siècle, cuites à couvert lentement dans un fond de braisage (ail, oignon et lardons) avec un mouillement de vin rouge régional. On nomme « bœuf mode », « à la mode » ou « bœuf carottes » la recette également cuite lentement à l'étouffée qui utilise du vin blanc, et des carottes.
Le « bœuf bourguignon », aussi appelé « estouffade », cuisiné au vin rouge de Bourgogne, utilise quant à lui une garniture de champignons, petits oignons, lardons et bouquet garni.
Ma recette est un mélange de tout ceci mais le *modus operandi* suit toujours le conseil d'Eugénie Brazier, première femme 3 étoiles :
« Laissez mijoter à feu doux ».

INGRÉDIENTS
- 6 gousses d'ail
- 2,5 kg de « bas morceaux » de bœuf (tendron, plat de côtes, macreuse, joue, gîte, paleron…)
- 12 cl de cognac
- 2 bouteilles de vin blanc sec
- 1 bouquet garni (thym, laurier, persil)
- 6 oignons
- 8 carottes
- 6 tomates
- 200 g de lardons fumés
- 1 zeste d'orange bio
- 100 g d'olives noires
- 1 bouquet de persil
- Sel, poivre

USTENSILES
- Cocotte
- Saladier

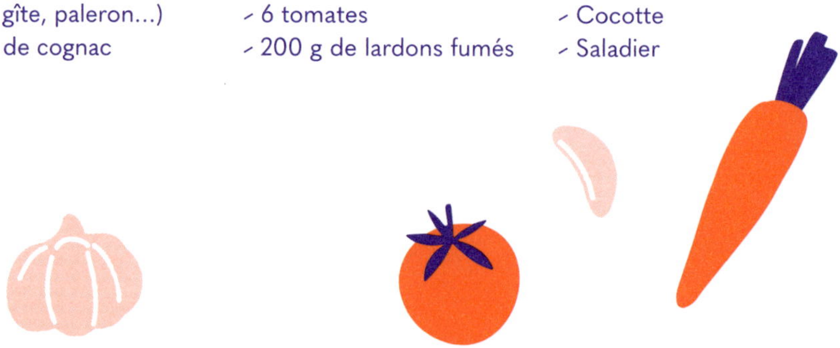

1 Pelez les gousses d'ail et écrasez-les avec le plat de la main ou avec la lame d'un couteau. Déposez-les dans un saladier.

2 Ajoutez le paleron coupé en cubes de 4 à 5 cm de côté. Arrosez de cognac et de vin blanc, ajoutez le bouquet garni et faites mariner idéalement 3 heures au réfrigérateur.

3 Pelez les oignons et les carottes puis coupez-les en rondelles de 1 cm. Lavez les tomates et coupez-les en quartiers.

4 Tapissez le fond de la cocotte avec les lardons. Remplissez-la en montant des couches de rondelles d'oignons, de carottes, de tomates et de morceaux de viande.

5 Versez la marinade (sans le bouquet garni). Salez, poivrez, ajoutez le zeste d'orange et les olives.

6 Faites cuire 3 heures à feu doux et à couvert, en ajoutant un peu d'eau si besoin.

7 Ajoutez le persil haché et servez.

Le + de Sylvia

En raison de la longueur de la cuisson, cette recette est exceptionnellement faite pour huit, pour économiser l'énergie, y compris la nôtre. On la sert traditionnellement avec des pommes de terre vapeur, de la polenta, des macaronis (on parle alors de « macaronade ») ou de la purée de pommes de terre ou de panais. Rien n'interdit d'interpréter la même recette avec du poulet ou du porc, qui cuisent moins longtemps.

PARMENTIER DE BŒUF (OU CANARD)

PRÉPARATION	POUR	CUISSON
15 minutes	**4 personnes**	**35 minutes**

Antoine-Auguste Parmentier a su s'attirer l'oreille de Louis XVI pour favoriser la culture de la pomme de terre, afin de compléter le blé lorsqu'il se faisait rare. Il a ainsi permis à nombre de paysans d'échapper à la famine. Le parmentier est un plat plutôt d'hiver, emblématique de la cuisine française.

INGRÉDIENTS

VIANDE

- 1 oignon
- 4 gousses d'ail
- 1 noix de beurre
- 600 g de viande hachée (bœuf cuit* ou mélange cru de bœuf, veau, porc, ou canard confit effiloché)
- 2 c. à s. de fond de veau en poudre
- 20 cl d'eau
- 8 brins de persil

PURÉE

- 1 kg de pommes de terre à purée
- 35 cl de lait entier
- 125 g de beurre
- 2 c. à s. de crème épaisse
- 50 g de chapelure
- 2 c. à s. d'huile neutre
- Sel, poivre

USTENSILES

- Casserole
- Plat à gratin
- Poêle
- Presse-purée

Le + de Sylvia

**Servez avec une belle salade bien aillée.
Vous pouvez twister la recette en ajoutant une poire que vous ferez revenir avec la viande : le petit éclat sucré du fruit est un délice. Ou bien faites une purée avec 500 g de pommes de terre et 300 g de carottes.
Ajoutez également du fromage râpé, par-dessus le marché !**

1 Pelez les pommes de terre et coupez-les en gros morceaux de 4 cm.

2 Faites-les cuire à l'eau bouillante salée 25 minutes en démarrant à l'eau froide.

3 Épluchez et hachez l'oignon et l'ail, faites fondre une noix de beurre dans une poêle et faites-y revenir l'oignon, l'ail et la viande hachée 6 à 8 minutes sur feu vif.

4 Ajoutez le fond de veau délayé dans un verre d'eau (20 cl) et laissez mijoter 15 minutes. Réservez et ajoutez le persil haché.

5 Pour la purée : égouttez les pommes de terre et faites chauffer le lait. Passez les pommes de terre au presse-purée, versez le lait chaud puis le reste de beurre en morceaux (réservez 4 noix de beurre).

6 Étalez la viande dans un plat à gratin, et mettez la purée par-dessus. Saupoudrez de chapelure, disposez les 4 noix de beurre restantes et faites gratiner sous le gril du four 15 à 20 minutes.

** Les restes d'un pot-au-feu de bœuf par exemple, hachés au couteau : voir recette p 68.*

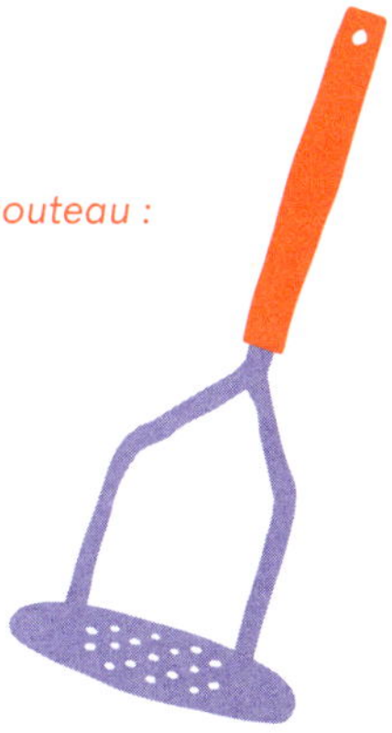

PÂTES BOLOGNAISES

PRÉPARATION	POUR	CUISSON
15 minutes	**4 personnes**	**30 minutes minimum**

Les célébrissimes pâtes bolognaises – que l'on devrait appeler « bolonaises » si on voulait faire correctement référence à la ville de Bologne en Italie – désignent une recette de pâtes au « ragoût », variante italienne d'une vieille recette française désignant un plat de viande et de légumes en petits morceaux, qui mijote longtemps au coin du feu.
C'est donc le principe de cette recette, voyons maintenant le détail.

INGRÉDIENTS

- 2 gousses d'ail
- 2 c. à s. d'huile d'olive
- 1 oignon
- 2 carottes
- 1 branche de céleri
- 4 champignons de Paris
- 500 g de viande de bœuf hachée du jour
- 100 g de lardons (ou pancetta)
- 1 grosse boîte de tomates pelées (480 g)
- 2 c. à s. de concentré de tomates
- 400 g de penne
- 50 g de parmesan
- 1 œuf
- Sel, poivre et piment d'Espelette

USTENSILES

- Égouttoir
- Grande marmite
- Sauteuse avec couvercle

Le + de Sylvia

Pour faire une version veggie, vous pouvez remplacer la viande par des lentilles : 100 g de lentilles vertes que l'on cuit à part dans deux fois leur volume d'eau ou que l'on ajoutera en même temps que les tomates, avec un peu d'eau supplémentaire au besoin.

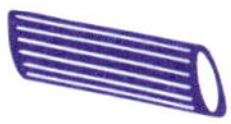

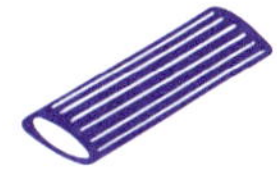

1 Pelez l'ail et coupez-le en lamelles de 1 mm. Faites-le revenir dans une sauteuse huilée sur feu doux. Pelez l'oignon, hachez-le puis ajoutez-le dans la sauteuse.

2 Pelez les carottes et coupez-les en petits dés de 1 cm.
Lavez le céleri et les champignons puis coupez-les en lamelles de 1 cm.
Ajoutez-les dans la sauteuse.

3 Ajoutez la viande, augmentez le feu et quand elle a blanchi, ajoutez les tomates pelées et le concentré de tomates. Salez, poivrez.
Mettez un peu de piment d'Espelette et quand ça bout, laissez mijoter 30 minutes minimum à couvert sur feu doux.
Surveillez, remuez et ajoutez un peu d'eau si besoin pour ne pas dessécher la préparation.

4 Faites cuire les pâtes dans une grande quantité d'eau salée selon les indications sur l'emballage.

5 Égouttez les pâtes, versez-les dans la sauce et ajoutez le parmesan.
Mélangez, ajoutez l'œuf et remuez à nouveau. Servez.

PÂTES CARBONARA

PRÉPARATION **15 minutes**	POUR **4 personnes**	CUISSON **15 minutes**

Cette recette est l'une des préférées des Français. Elle s'est répandue sur le territoire avec le détournement de la « ration k » des soldats américains venus combattre pendant la Seconde Guerre mondiale. La ration contenait un mélange d'œufs et de bacon en poudre pour leur petit déjeuner ; l'idée de la verser sur des pâtes a été lumineuse. **La recette américano-italienne a été ensuite codifiée et bonifiée des deux côtés de l'Atlantique, sans ajout de crème, en aucune façon !**

INGRÉDIENTS

- 150 g de lardons fumés (ou pancetta ou guanciale : lardons de cou de porc séchés et non fumés)
- 3 ou 4 jaunes d'œufs
- 1 œuf entier
- 150 g de parmesan (ou grana padano ou pecorino)
- 450 g de spaghettis
- Sel, poivre

USTENSILES

- Bol
- Égouttoir
- Grande marmite
- Râpe
- Sauteuse

Le + de Sylvia

Moi qui suis une « légumaniaque » invétérée, j'aime twister ce grand classique avec une autre recette classique transalpine. Je fais des « mi-carbo mi-amatriciana » en ajoutant 1 boîte de 400 g de tomates pelées dans la poêle des lardons. *Mamma mia* que c'est bon !

1 Faites chauffer une grande quantité d'eau dans votre plus grande marmite.

2 Faites dorer les lardons à sec dans une sauteuse. Réservez.

3 Mélangez les jaunes d'œufs et l'œuf entier dans un bol, avec la moitié du fromage préalablement râpé.

4 Salez légèrement l'eau et plongez-y les pâtes. Faites cuire 2 minutes de moins que les indications prévues sur le paquet.

5 Prélevez une louche d'eau de cuisson des pâtes et versez-la dans le bol des œufs en remuant.

6 Goûtez les pâtes pour vérifier qu'elles sont bien *al dente*.
Égouttez les pâtes en gardant un petit peu d'eau, et mettez-les dans la sauteuse, sur feu doux.
Versez-y le contenu du bol et mélangez rapidement.

7 Ajoutez les lardons, mélangez et ajoutez à nouveau un peu d'eau de cuisson au besoin pour faire la liaison. Poivrez bien.

8 Servez accompagné du reste du fromage râpé.

POT-AU-FEU

PRÉPARATION 15 minutes	POUR 8 personnes	CUISSON 3 heures minimum (jusqu'à tendreté des viandes)

Le pot-au-feu est un grand classique de la gastronomie française, qui apparaît à l'écrit pour la première fois en 1735, mais son origine remonterait à la fin du Moyen Âge. Exceptionnellement, la recette est pour 8, vu le temps de cuisson particulièrement long – le plus long du livre.
Le lendemain, vous réchaufferez ou ferez un Parmentier *(voir p 62)* **!**

INGRÉDIENTS

VIANDES

- 2 kg de viande de bœuf (paleron, jumeau, macreuse, gîte, joue, jarret ou plat de côtes : 3 différentes au minimum, chacune ficelée par le boucher)
- 4 litres d'eau froide
- 8 os à moelle

AROMATES

- 1 oignon
- 4 clous de girofle
- 1 bouquet garni (thym, laurier, persil)
- 4 gousses d'ail
- 15 g de gros sel
- 15 grains de poivre

LÉGUMES

- 8 carottes
- 2 navets
- 1 céleri-rave
- 1 rutabaga
- 1 panais
- 2 courgettes
- 4 poireaux
- 8 pommes de terre

ACCOMPAGNEMENTS

- Cornichons
- Moutarde en grains
- Éventuellement pâte au raifort

USTENSILES

- 2 casseroles
- Écumoire
- Faitout

Le + de Sylvia

Pas de chou dans mon pot-au-feu, car sa saveur puissante masque trop, selon moi, les autres saveurs.

1 Épluchez l'oignon et plantez-y les clous de girofle.
Préparez le bouquet garni et épluchez les gousses d'ail.

2 Plongez le tout avec les viandes gélatineuses en premier (gîte, jumeau, macreuse, joue...) dans un grand faitout avec 4 litres d'eau froide : c'est parti pour 3 heures de cuisson à petits frémissements.

3 À ébullition, ajoutez le gros sel, le poivre et les autres viandes (paleron, jarret, plat de côtes).
Retirez régulièrement l'écume qui se forme à la surface.

4 50 minutes avant la fin de la cuisson, goûtez le bouillon et rectifiez l'assaisonnement en sel.

5 Ajoutez progressivement les autres légumes : les carottes et les navets (50 minutes avant la fin), puis le céleri, le rutabaga, le panais, les courgettes et enfin les poireaux (20 minutes avant la fin). Réservez.

6 Faites cuire les pommes de terre pelées entières à part, à l'eau bouillante salée, pendant 40 minutes. Réservez dans un fond d'eau.

7 Frottez les os à moelle de gros sel et faites-les cuire dans de l'eau froide pendant 20 minutes. Réservez à feu doux.

8 Disposez les légumes dans un grand plat de service. Retirez les ficelles des viandes puis découpez-les.
Servez accompagnés des cornichons, de la moutarde et du raifort, avec du gros sel sur la table.

POULET RÔTI DU DIMANCHE

PRÉPARATION	POUR	CUISSON
10 minutes	**4 personnes**	**1 heure 15**

Des fouilles archéologiques ont démontré que Gallus gallus, l'ancêtre de notre poulet, est un oiseau terrestre des forêts de Thaïlande vieux de 4 000 ans. Il a conquis le monde pour devenir l'espèce la plus répandue sur la planète. Notre bon roi Henri IV (1553 – 1610) a souhaité que le volatile finisse en « poule-au-pot » chez chaque « laboureur » du pays. La recette a été modernisée avec l'élevage de spécimens jeunes, plus propices à la rôtisserie.

INGRÉDIENTS
- 1 bouquet d'estragon
- 1 poulet vidé
- 1 croûton de pain rassis
- 1 tête d'ail
- Huile d'olive
- 500 g de champignons de Paris
- 1 kg de pommes de terre rattes
- Sel, poivre

USTENSILES
- Plaque du four
- Saucière (ou 1 bol)

Le + de Sylvia

Les champignons vont apporter l'humidité nécessaire au poulet pour rester moelleux et faire un bon jus. Si l'eau venait à manquer en cours de cuisson, hop, un petit verre d'eau au fond du plat ! En découpant le poulet, n'oubliez pas les sot-l'y-laisse, car c'est comme son nom l'indique !

1 Effeuillez 4 tiges d'estragon et gardez les tiges.

2 Posez le poulet sur la plaque du four.

3 Frottez le croûton de pain rassis avec de l'ail.

4 Salez et poivrez l'intérieur du poulet puis introduisez le croûton aillé dans le ventre ainsi que les 4 tiges d'estragon.

5 Posez le poulet sur le flanc (1 aile et 1 cuisse vers le haut) sur la plaque du four huilée. Versez un filet d'huile sur le poulet et étalez-la avec les doigts. Posez les gousses d'ail en chemise, les champignons coupés en quatre et les rattes rincées autour du poulet.

6 Salez et poivrez le poulet avec sa garniture. Ajoutez la moitié des feuilles d'estragon ciselées et un filet d'huile d'olive par-dessus la garniture.

7 Enfournez la plaque dans un four non préchauffé et faites cuire à 210 °C pendant 1 h 15. Au bout d'un quart d'heure, baissez la température à 180 °C et tous les quarts d'heure, tournez le poulet d'un quart de tour en l'arrosant de ses sucs.

8 Sortez la plaque du four. Déposez le poulet sur un plat et découpez-le. Versez également la garniture dans le plat de service.

9 Déglacez la plaque du four avec un verre d'eau pour bien décoller tous les sucs et récolter un bon jus en saucière.

10 Dressez les morceaux de poulet dans le plat autour de la garniture, et saupoudrez le reste d'estragon ciselé.

QUICHE

PRÉPARATION	POUR	CUISSON	REPOS
15 minutes	**4 personnes**	**35 minutes**	**1 heure**

La quiche, lorraine de naissance, soulève un débat auprès des puristes : avec ou sans fromage. Pour moi, c'est avec, mais à vous de respecter la tradition à la lettre – c'est-à-dire sans – ou pas !

INGRÉDIENTS

PÂTE BRISÉE

- 250 g de farine
- 2 pincées de sel
- 125 g de beurre
- 1 œuf
- 1 c. à s. d'eau

APPAREIL À QUICHE

- 120 g de lardons fumés
- 4 œufs
- 20 cl de crème liquide à 35 % de MG
- 100 g de fromage râpé
- Sel, poivre

USTENSILES

- Moule à tarte
- Papier sulfurisé
- Poêle
- Saladier

1 Préparez la pâte brisée (ou utilisez une pâte toute prête, brisée ou feuilletée) : disposez la farine dans un saladier, ajoutez le sel, le beurre en petits morceaux, l'œuf et l'eau, mélangez du bout des doigts (ou au robot) jusqu'à l'obtention d'une boule. Laissez reposer 1 heure.

2 Étalez la pâte sur un papier sulfurisé et disposez le tout dans un moule à tarte.

3 Faites dorer les lardons dans une poêle à sec.

4 Mélangez les œufs et la crème. Salez et poivrez bien. Versez cette préparation sur la pâte préalablement piquée à l'aide d'une fourchette.

5 Dispersez les lardons et le gruyère (ou pas).

6 Faites cuire dans un four préchauffé à 180 °C pendant 30 à 35 minutes.

Le + de Sylvia

Une quiche, ou disons « tarte salée », peut se trouver grandement bonifiée en été par l'ajout de 2 courgettes préalablement sautées à l'huile d'olive pendant 5 minutes. Vous pouvez aussi en hiver ajouter 2 poires coupées en morceaux dans le fond de tarte, et ½ reblochon taillé en dés à la place du fromage râpé.

ROSBIF AU FOUR

PRÉPARATION	POUR	CUISSON	REPOS
15 minutes	**4 personnes**	**20 minutes**	**10 minutes**

Le rosbif est un plat qui nous vient d'Angleterre, servi traditionnellement dans les pubs britanniques le dimanche depuis le XVIIIe siècle. Il a largement été adopté en France jusqu'à récemment, suite à la prise de conscience collective que la consommation de viande de bœuf a besoin de baisser tout en montant en gamme. Le rosbif est le plat idéal pour opérer ce virage dans nos habitudes.

INGRÉDIENTS

- 1 kg de rôti de bœuf (dans le filet non bardé, sorti du frigo au moins 2 heures avant cuisson)
- 4 gousses d'ail
- 2 c. à s. d'huile neutre
- Sel, poivre

USTENSILES

- Papier aluminium
- Plat à gratin

Le + de Sylvia

Si vous préférez la côte de bœuf – autre morceau qualitatif de boucherie – personnellement je la cuis au four en croûte de sel, ou au barbecue pendant 4 minutes sur chaque face, puis à nouveau 3 minutes sur chaque face. Et n'oubliez pas, toujours un repos de 10 minutes avant la découpe.

1 Épluchez l'ail et coupez les gousses en quatre ou huit bâtonnets.

2 Contisez le rôti : pratiquez des petites incisions dans le rôti et insérez-y les bâtonnets d'ail.

3 Enduisez le rôti d'huile. Salez-le.

4 Préchauffez le four à 210 °C. Posez le rôti dans un plat à gratin et enfournez 20 à 25 minutes selon sa grosseur et vos goûts.

5 À sa sortie du four, poivrez et couvrez le rôti de papier aluminium. Laissez la viande se détendre 10 minutes avant de la découper. Veillez à bien recueillir le jus au moment du découpage.

RÔTI DE PORC
(OU DE VEAU)

PRÉPARATION	POUR	CUISSON
15 minutes	**4 personnes**	**1 h 30**

Le rôti de porc – dans le filet ou plus moelleux dans l'échine ou le carré avec os – ou de veau (dans le quasi) se réalise au four ou en cocotte. C'est un classique des grandes tablées familiales ou entre copains. Les légumes qui participent à l'osmose des goûts et se cuisent en même temps pour nous simplifier la vie, ont besoin de place, je recommande donc la plaque du four comme ustensile, mais une belle grande cocotte marche aussi !

INGRÉDIENTS
- 1 rôti de porc (ou un carré de 4 côtes) de 1 à 1,5 kg
- 1 tête d'ail
- 5 feuilles de sauge sèches
- Huile d'olive
- 6 carottes
- 4 échalotes
- 12 petites pommes de terre rattes
- 2 feuilles de laurier
- 1 verre d'eau
- Sel, poivre

USTENSILES
- Plaque du four

Le + de Sylvia

Un plat qui cuit longtemps, mais se fait en un rien de temps grâce aux légumes que vous laissez « en robe des champs » ou « en chemise ». Si vous optez pour du veau, pas besoin de piquer d'ail ni de sauge, pour laisser la priorité au goût subtil et doux de la viande.

1 Piquez le rôti avec 2 gousses d'ail pelées et coupées en trois ou quatre. Laissez les autres gousses « en chemise ».

2 Frottez la viande ou piquez-la avec de la sauge à l'instar des gousses d'ail, puis enduisez-la d'huile d'olive. Salez, poivrez, et faites cuire dans un four préchauffé à 180 °C pour 1 heure en la retournant au bout de 30 minutes.

3 Pelez les carottes et les échalotes puis coupez-les en deux dans la longueur.

4 Lavez les pommes de terre pour les cuire « en robe des champs ».

5 Au bout de 1 heure de cuisson de la viande, disposez les légumes sur la plaque, salez, poivrez et arrosez d'un filet d'huile d'olive. Disposez les feuilles de laurier sous les légumes et poursuivez la cuisson 30 à 40 minutes.

6 Dressez le rôti et les légumes dans un plat de service.

7 Découpez le rôti et déglacez la plaque de cuisson avec un verre d'eau. Mettez le jus en saucière et servez aussitôt.

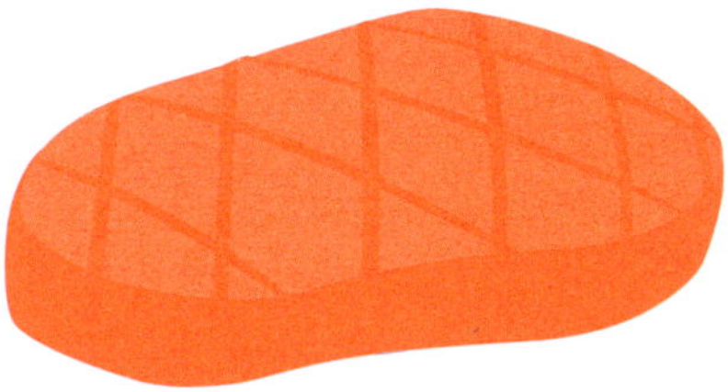

TAGINE

PRÉPARATION	POUR	CUISSON
15 minutes	**4 personnes**	**40 minutes**

Un tagine désigne à la fois l'ustensile dans lequel est supposé cuire la recette et le plat lui-même. Emblématique du Maghreb, le tagine serait d'origine berbère, et consiste en un ragoût épicé, souvent sucré-salé, dans lequel viandes et légumes sont cuits ensemble à l'étouffée. Ce mode de cuisson remémore bon nombre de recettes traditionnelles françaises dites mijotées et en cocotte, **ce sont les épices qui font la différence.**

INGRÉDIENTS

- 1 oignon
- 1 c. à s. d'huile d'olive
- 1 c. à c. de curcuma
- 1 c. à c. de coriandre en poudre
- 1 c. à c. de noix de muscade
- 1 c. à c. de paprika
- 2 c. à s. de miel
- 1 poulet coupé en morceaux (en 8)
- 6 carottes
- 6 oreillons d'abricots secs
- 1 citron confit
- 1 ou 2 verres d'eau
- 1 bouquet de coriandre fraîche
- 400 g de semoule
- 4 c. à s. d'amandes effilées
- Sel

USTENSILES

- Casserole
- Plat à tagine ou cocotte
- Poêle antiadhésive

Le + de Sylvia

Traditionnellement, on ne sert pas de semoule avec un tagine, mais les mentalités évoluent, et à la maison, on est très semoule ! Les variations en matière de tagine sont infinies : toutes sortes de viandes, poissons, boulettes, œufs, veggie : tout est possible et c'est toujours un délice !

1 Faites revenir dans une cocotte ou dans un plat à tagine, l'oignon pelé et haché dans l'huile d'olive. Ajoutez les épices. Après 3 minutes ajoutez le miel et laissez caraméliser.

2 Ajoutez les morceaux de poulet et laissez-les dorer. Salez légèrement.

3 Ajoutez les carottes pelées et coupées en bâtonnets de 5 cm, les abricots secs et le citron confit coupé en petits dés.

4 Versez 1 ou 2 verres d'eau selon la consistance souhaitée, plus ou moins juteux. Laissez mijoter à couvert 40 minutes à feu doux.

5 Effeuillez la coriandre sur le plat au moment de servir.

6 Préparez la semoule selon les indications sur le paquet, faites torréfier les amandes à sec dans une poêle antiadhésive et déposez-les sur le dessus de la semoule. Servez le tout ensemble.

POISSONS

BRANDADE

PRÉPARATION	POUR	CUISSON	DESSALAGE
15 minutes	**6 personnes**	**30 minutes**	**24 heures**

La brandade est une spécialité nîmoise qui remonte *a minima* au XVIIIe siècle, née du troc entre les sauniers de la Camargue toute proche, et les pêcheurs de « la grande pêche » : la pêche au cabillaud en mer du Nord. Les camarguais fournissaient le sel et les pêcheurs les payaient en poissons salés par leur soin sur le bateau, afin de permettre leur conservation.

INGRÉDIENTS
- 900 g de filets de morue (cabillaud salé)
- 1 litre de lait entier
- 2 gousses d'ail
- 750 g de pommes de terre
- 20 cl d'huile d'olive
- Quelques brins de persil

USTENSILES
- Casserole
- Plat à gratin
- Poêle
- Presse-purée

Le + de Sylvia

Exceptionnellement, cette recette est pour six. Avec les deux parts supplémentaires, vous pouvez faire des petits beignets de brandade pour l'apéro façon accras !

1 Dessalez les filets de morue selon les indications du poissonnier : côté peau vers le haut dans de l'eau froide pendant 24 heures.

2 Le lendemain, déposez la morue préalablement rincée dans une poêle, peau toujours au-dessus, recouvrez de lait et portez à ébullition.

3 Coupez le feu et laissez pocher à couvert 10 minutes. Égouttez puis retirez la peau et les arêtes.

4 Faites cuire les pommes de terre en robe des champs à l'eau bouillante salée pendant 30 minutes. Épluchez-les.

5 Écrasez délicatement les pommes de terre avec la chair de morue et mettez dans une casserole.

6 Faites tiédir l'huile d'olive, versez-la sur les pommes de terre et la morue, mélangez à l'aide d'une cuillère en bois, en ajoutant petit à petit l'ail pressé et le lait chaud : la brandade doit avoir l'aspect d'une purée de pommes de terre mousseuse.

7 Ajoutez le persil haché.

FILETS DE POISSON EN 8 FAÇONS FACILES

Les poissons de pêche équitable se présentent souvent sur nos étals sous forme de filets. Rien de plus simple pour les cuisiner, selon huit modes de cuisson différents.

POISSON POÊLÉ OU MEUNIÈRE

PRÉPARATION	POUR	CUISSON
5 minutes	**4 personnes**	**10 minutes**

INGRÉDIENTS
- 4 filets de cabillaud (ou saumon, dorade, julienne, sébaste, sole…) sans peau de 120 g chacun
- 2 c. à s. de farine pour une cuisson meunière
- 3 c. à s. d'huile d'olive (ou 30 g de beurre)
- Fleur de sel
- 1 citron

USTENSILES
- Papier absorbant
- Poêle antiadhésive ou plancha
- Spatule

1 Rincez les filets et essuyez-les sur du papier absorbant.

2 Pour une cuisson meunière, versez la farine sur une assiette, trempez-y les filets et secouez-les pour faire tomber l'excédent. Pour une cuisson poêlée, zappez cette étape.

3 Faites cuire les filets de poisson 3 ou 4 minutes dans une poêle antiadhésive avec de l'huile d'olive ou du beurre ou un mélange des deux. Salez.

4 Retournez-les délicatement à l'aide d'une spatule et faites cuire jusqu'à ce que la chair soit uniformément colorée.

5 Saupoudrez de fleur de sel et servez, avec des quartiers de citron.

Le + de Sylvia

Ces deux méthodes permettent de bien surveiller la cuisson du poisson afin de ne pas le surcuire, un défaut que l'on rencontre trop souvent.

POISSON EN CROÛTE

PRÉPARATION	POUR	CUISSON
5 minutes	**4 personnes**	**10 minutes**

INGRÉDIENTS

- 4 filets de cabillaud (ou merlan, saumon, dorade, julienne, sébaste, sole…) sans peau de 120 g chacun
- 4 c. à s. de graines de sésame torréfiées (ou de parmesan, de chapelure, de panko japonais, d'un mélange de pain rassis, de persil et de câpres mixés ensemble)
- 3 c. à s. d'huile d'olive (ou 30 g de beurre)
- Fleur de sel
- 1 citron

USTENSILES

- Papier absorbant
- Poêle antiadhésive ou plancha
- Spatule

Le + de Sylvia

Le poisson pané (avec des yeux dans les coins, comme disait un humoriste célèbre) a fait le délice de notre enfance ; les croûtes que je propose sont une façon plus raffinée de s'en approcher, je laisse les « fish and chips » avec leur pâte à frire et bain de friture vous régaler exceptionnellement, en dehors de votre propre cuisine.

1 Rincez les filets et essuyez-les sur du papier absorbant.

2 Étalez les ingrédients pour la panure choisie sur une assiette, trempez-y les filets et secouez-les pour faire tomber l'excédent.

3 Faites cuire les filets de poisson 3 ou 4 minutes dans une poêle antiadhésive avec de l'huile d'olive ou du beurre ou un mélange des deux. Salez.

4 Retournez délicatement à l'aide d'une spatule et faites cuire jusqu'à ce que la panure soit uniformément colorée.

5 Saupoudrez de fleur de sel et servez avec des quartiers de citron.

POISSON EN COURT-BOUILLON OU À LA VAPEUR

PRÉPARATION	POUR	CUISSON
5 minutes	**4 personnes**	**5 minutes**

INGRÉDIENTS
- 4 filets de cabillaud (ou saumon, dorade, julienne, sébaste, sole...) sans peau de 120 g chacun
- 1 bouquet garni (thym, laurier, persil)
- Gros sel
- Fleur de sel

USTENSILES
- Casserole avec ou sans panier vapeur
- Papier absorbant

1 Rincez les filets et essuyez-les sur du papier absorbant.

2 Faites chauffer une casserole remplie d'eau.
Pour une cuisson au court-bouillon : ajoutez le bouquet garni et un peu de gros sel.
Pour une cuisson vapeur, zappez cette étape.

3 Faites cuire les filets de poisson 3 ou 4 minutes dans le court-bouillon ou dans le panier vapeur au-dessus de l'eau jusqu'à ce que la chair soit uniformément colorée.
Saupoudrez de fleur de sel et servez.

Le + de Sylvia

Ces deux méthodes permettent de surveiller le point de cuisson idéal sans surcuire le poisson, en fonction de l'épaisseur du filet. Le festival des sauces que je propose *p. 97* **leur conviendra à merveille.**

POISSON À L'UNILATÉRALE

PRÉPARATION	POUR	CUISSON
5 minutes	4 personnes	5 minutes

INGRÉDIENTS
- 4 morceaux de filets de saumon bio ou Label Rouge (avec peau) de 120 g chacun
- 3 c. à s. d'huile d'olive
- Fleur de sel

USTENSILES
- Poêle antiadhésive (ou plancha avec ou sans couvercle ou four)

1 Rincez les filets et essuyez-les sur du papier absorbant.

2 Faites cuire les filets de poisson dans une poêle antiadhésive avec de l'huile d'olive côté peau uniquement.

3 Ils sont à point quand la couleur rose pâle envahit la moitié de la hauteur du filet (en 4 à 5 minutes).

4 Saupoudrez de fleur de sel et d'une lichette de bonne huile d'olive.

Le + de Sylvia

Si vous n'aimez pas trop le côté mi-cuit du poisson, ou si vous n'en aimez pas le parfum dans la cuisine vous pouvez cuire le poisson au four préchauffé à 150 °C pendant 15 minutes, ou couvrir la poêle ou la plancha d'un couvercle, ce qui aura le même effet.

POISSON EN CEVICHE OU TARTARE

PRÉPARATION	POUR	CUISSON	MARINADE
5 minutes	4 personnes	aucune	15 à 30 minutes

INGRÉDIENTS

- 400 g de saumon bio ou Label Rouge (ou dorade, mule, merlan, thon...) ultrafrais
- Jus de 2 citrons verts
- 1 cm de gingembre
- 1 échalote
- Piment d'Espelette
- 1,5 c. à s. d'huile de sésame
- 1 c. à c. de graines de sésame torréfiées
- 8 tiges de coriandre
- Fleur de sel
- 12 grains de raisin noir ou autres fruits du moment

USTENSILES

- Bon couteau
- Papier absorbant
- Râpe
- Saladier (pas en Inox)

Le + de Sylvia

Pour une consommation de poisson cru, mariné ou mi-cuit en toute confiance, pensez à le congeler avant de le déguster pendant 7 jours dans un congélateur domestique. D'origine péruvienne, le ceviche est un poisson qui « cuit » le temps de la marinade alors que le tartare lui ne « cuit » pas les ingrédients. Le mélange se fait « minute », c'est-à-dire au dernier moment, juste avant de déguster.

1 Rincez le poisson et essuyez-le sur du papier absorbant.

2 Coupez le poisson en cubes de 0,5 cm de côté et mettez-les dans un saladier.

3 Ajoutez le jus d'un citron et demi, le gingembre râpé, l'échalote pelée et coupée en petits dés et le piment. Réservez au réfrigérateur pendant 15 à 30 minutes pour un ceviche.

4 Égouttez le poisson si besoin, ajoutez l'huile de sésame, les graines de sésame, les feuilles de coriandre ciselée, la fleur de sel, les grains de raisin coupés en deux et servez avec le demi-citron vert restant.

MOULES

PRÉPARATION	POUR	CUISSON
15 minutes	**4 personnes**	**15 minutes**

Les « moules-frites » sont un grand classique populaire du Nord de la France et de la Belgique. La recette traditionnelle serait née en Charente-Maritime, région qui aurait inventé dès le Xe siècle la technique d'élevage des moules sur des bouchauds ou bouchots : ces fameux piquets de bois immergés qu'on utilise encore aujourd'hui. **La meilleure saison pour les déguster est entre juillet et janvier.**

INGRÉDIENTS

- 2 kg de moules de bouchot
- 2 gousses d'ail
- 4 échalotes
- 30 g de beurre
- 20 cl de vin blanc sec
- 1 briquette de 20 cl de crème liquide à 35 % de MG
- Quelques brin de persil
- Sel, poivre

USTENSILES

- Faitout

Le + de Sylvia

Vous pouvez pimper la recette avec de la citronnelle, du gingembre, du fromage bleu, ou encore du chorizo ou des dés de poivrons, les variantes sont légion.

1 Grattez si besoin et lavez les moules à grande eau (mais ne les laissez pas tremper).

2 Pelez et émincez l'ail et les échalotes. Faites-les revenir dans un faitout avec le beurre.

3 Versez le vin et faites cuire 5 minutes. Poivrez, puis ajoutez les moules et couvrez. Laissez les moules s'ouvrir sur feu vif pendant 5 minutes en secouant le faitout puis à découvert en remuant à l'aide d'une grande cuillère.

4 Ajoutez la crème puis mélangez une dernière fois.

5 Versez les moules dans les assiettes ou les bols de service et saupoudrez de persil ciselé. Ne mangez surtout pas les moules fermées.

POISSON ENTIER AU FOUR

PRÉPARATION	POUR	CUISSON
15 minutes	**6 personnes**	**28 minutes**

Glisser un poisson au four n'a rien de sorcier, le cuire avec une garniture de légumes en même temps, c'est du temps de gagné, et le déguster avec quelques amis, c'est du temps précieux. Il suffit juste de trouver quelqu'un qui va se dévouer pour lever les filets et faire le service !
Mais je vous fais confiance, ce n'est pas compliqué, vous savez !

INGRÉDIENTS
- 6 pommes de terre
- 1 belle dorade de 2 kg
- 6 tomates
- Huile d'olive
- Sel et poivre ou piment d'Espelette
- 30 g de beurre salé
- Quelques brins d'aneth

USTENSILES
- Casserole
- Papier absorbant
- Plat allant au four adapté à la taille du poisson

Le + de Sylvia

La recette est pour six, car quitte à trouver un beau poisson et inviter les copains, autant prévoir large. S'il y a des restes, vous les dégusterez en mayonnaise le lendemain !

1 Pelez les pommes de terre, coupez-les en petits dés de 2 cm et faites-les cuire à l'eau salée pendant 4 minutes.

2 Égouttez-les et disposez-les au fond d'un plat allant au four.

3 Rincez et essuyez la dorade avec du papier absorbant puis salez l'intérieur. Posez-la sur les dés de pommes de terre.

4 Coupez les tomates en quartiers puis répartissez-les autour et sur le poisson. Salez, poivrez et arrosez le tout d'un filet d'huile d'olive.

5 Préchauffez le four à 200 °C et faites cuire pendant 28 minutes, pas une de plus !

6 Attendez 5 minutes avant de découper et de lever les filets de dorade.

7 Déposez des carrés de beurre salé sur la chair du poisson avant de servir, accompagné de la garniture et d'un peu d'aneth ciselé.

SAUCES

Pas besoin d'être un grand saucier pour concocter des sauces froides qui « déchirent », et vont avec tout ce qui peut être cuit : légumes, viandes froides, poissons, cuits vapeur, à l'eau, rôtis ou sautés !
Une bonne vinaigrette est une base à laquelle vous ne pouvez échapper.
Une bonne mayonnaise maison, ou une version approchante réalisée avec le même tour de main : aïoli ou « cocktail », est également intéressante à intégrer dans votre panoplie de savoir-faire.

La « levantine » à base de Tahini, vous fera voyager pour un bilan carbone ridicule, et les dips d'apéro vous aideront à prolonger un bon moment convivial.
Quant aux vierges de légumes, ou d'herbettes (chimichurri), elles vous permettront de ne pas laisser flétrir dans le frigo ni herbette ni tomate qui traînent.
En voici 40… presqu'autant que de recettes pour ce livre.

On dit merci qui ?

BÉCHAMEL « ZÉRO GRAS »

Diluez dans une casserole 1 c. à s. de **fécule de maïs** dans un peu de **lait** puis ajoutez 25 cl de **lait** et portez à ébullition sans cesser de tourner, jusqu'à épaississement.
Salez, poivrez, muscadez.
Hors du feu, ajoutez 1 **jaune d'œuf**.

DIPS D'APÉRO

ANCHOÏADE
Mixez 25 **anchois à l'huile**, 1 c. à s. de **câpres**, 1 **gousse d'ail** et quelques feuilles de **persil**. Ajoutez ensuite en deux fois 10 cl d'**huile d'olive**. Poivrez.

TAPENADE
Mixez 200 g d'**olives noires ou vertes** dénoyautées, 1 c. à s. de **câpres**, 1 **gousse d'ail**, 1 **filet d'anchois** et 4 c. à s. d'**huile d'olive**. Poivrez.

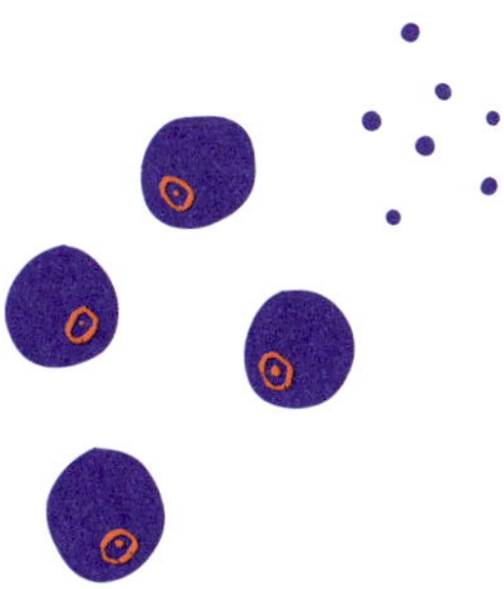

GUACAMOLE
Mixez 1 **avocat**, 1 **oignon nouveau**, 5 **tomates cerises** (ou 1 tomate de saison), ¼ de **jus de citron** et quelques feuilles de **coriandre**. Salez, poivrez. Gardez le noyau d'avocat dans la préparation pour la conserver sans oxydation.

HOUMOUS
Mixez 1 petite boîte de **pois chiches** égouttés (265 g), 1 g d'**ail**, ½ **jus de citron**, 1 c. à c. de **cumin** et 2 c. à s. d'**eau de la boîte** (aquafaba). Ajoutez 2 c. à s. de **tahini**.
Salez, poivrez et « Espelettez ».
Versez dans un bol avec 1 filet d'**huile d'olive** par-dessus.

VINAIGRETTES

CLASSIQUE À L'HUILE D'OLIVE

Mélangez dans l'ordre :
½ c. à c. de **sel**, du **poivre**,
1 c. à c. de **moutarde fine ou en grains**, 2 c. à s. de **vinaigre de vin ou balsamique** et 4 c. à s. d'**huile d'olive**.

VARIANTE NOIX OU SÉSAME

Mélangez dans l'ordre :
½ c. à c. de **sel**, du **poivre**,
1 c. à c. de **moutarde fine ou en grains**, 2 c. à s. de **vinaigre de vin ou balsamique**, 2 c. à s. d'**huile d'olive** et 2 c. à s. d'**huile de noix ou de sésame**.

VINAIGRETTE SUCRÉE SALÉE

Mélangez dans l'ordre : du **sel**, du **poivre**, 2 c. à s. de **vinaigre de vin ou balsamique**, 1 c. à s. de **miel** et 4 c. à s. d'**huile d'olive**.

VINAIGRETTE AU SOJA

Mélangez dans l'ordre : du **poivre**,
1 c. à s. de **sauce soja**,
2 c. à s. de **vinaigre de vin ou balsamique** et 4 c. à s. d'**huile d'olive**.

VINAIGRETTE MONTÉE

Émulsionnez avec un fouet dans l'ordre : du **sel**, du **poivre**,
1 c. à s. de **moutarde fine**,
2 c. à s. de **vinaigre de vin ou balsamique** et 4 c. à s. d'**huile d'olive**.

VINAIGRETTE VITAMINÉE

Mélangez dans l'ordre : du **sel**, du **poivre**, 2 c. à s. de **vinaigre balsamique blanc**, 1 c. à s. de **sirop d'érable**, 4 c. à s. d'**huile de colza** et le **zeste et jus de ½ orange bio**.

Le + de Sylvia

Je vous conseille de doubler ou de tripler les proportions afin de préparer des vinaigrettes « prêtes à l'avance », qui se conservent au frigo dans un bocal fermé (histoire de ne pas risquer la renverse !).

CITRONNETTES

« CITRONNETTE » À LA MOUTARDE

Mélangez ½ c. à c. de **sel**, du **poivre**, 1 c. à c. de **moutarde fine ou en grains**, 1 c. à s. de **jus de citron** et 3 c. à s. d'**huile d'olive**.

« CITRONNETTE » ASIATIQUE

Diluez 3 c. à s. de **cassonade** dans le **jus de 2 citrons verts**.
Ajoutez ½ c. à c. de **sel**, 4 c. à s. de **nuoc-mam** et 1 **gousse d'ail** pressée.
Complétez par 4 c. à s. d'**huile d'olive**.

« PONZU » MAISON

Mélangez à parts égales de la **sauce soja** et du **jus de citron jaune ou vert**.

SAUCE AU CITRON CONFIT

Découpez 1 **citron** confit en petits dés, ajoutez 2 **échalotes** pelées et ciselées, 1 à 2 cm **de gingembre haché** et recouvrez le tout d'**huile d'olive** (25 cl). Ajoutez au moment de servir de la **ciboulette**, du **persil** ou de la **coriandre** ciselés, selon la saison. Idéale avec tous les légumes et les poissons crus ou grillés.

MAYO & VARIATIONS (AVEC ŒUF)

MAYO DES « FAINÉANT(E)S » (AU MIXEUR)

Battez 1 **œuf** entier dans un grand bol cylindrique. Ajoutez 1 c. à c. de **moutarde**, 1 c. à s. de **jus de citron ou de vinaigre de vin**, du **sel**, du **poivre** et 20 cl d'**huile neutre** (pépins de raisin). Mixez lentement du bas vers le haut.

MAYO DES « MUSCLÉ(E)S » (AU FOUET MANUEL OU À LA FOURCHETTE)

Mélangez 1 c. à s. de **moutarde forte**, **1 jaune d'œuf**, ½ c. à c. de **sel** puis ajoutez 12,5 cl d'**huile de pépins de raisin** goutte à goutte sans cesser de fouetter. Ajoutez ensuite 1 c. à s. de **vinaigre de vin** et poivrez à la fin.

AÏOLI

Mélangez 5 **gousses d'ail** pilées ou pressées au presse-ail, **1 jaune d'œuf**, ½ c. à c. de **sel** puis ajoutez 12,5 cl d'**huile d'olive** et autant d'**huile neutre**, goutte à goutte sans cesser de fouetter. Ajoutez 1 c. à s. de **vinaigre de vin** et poivrez à la fin.

ROUILLE

Mélangez 8 **gousses d'ail** pilées, **2 jaunes d'œufs**, 1 c. à c. de **sel**, 1 trait de **vinaigre de vin** puis ajoutez 12,5 cl d'**huile d'olive** et autant d'**huile neutre**, goutte à goutte sans cesser de fouetter, poivrez à la fin. Ajoutez 4 pincées de **safran en poudre** et 3 pincées de **paprika en poudre**.

NB : Les « astuces de grand-mère » pour réussir sa mayonnaise (comme veiller à ce que les ingrédients soient tous à la même température) ne marchent pas ! La seule solution pour rattraper une mayonnaise si elle « file » est d'introduire des bulles d'air entre les bulles d'huile. Concrètement : versez tout doucement sur un côté du bol 1 c. à s. d'eau chaude et recommencez à fouetter.

« MAYO » AU BOUILLON DE LÉGUMES

Au bain-marie, sur feu doux, fouettez 2 **jaunes d'œufs** avec 1 louche de **bouillon de légumes**. Ajoutez 1 milliard d'**herbettes** et voilà ! Non, ce n'est pas « régime », c'est bon !

GRIBICHE

Écrasez 2 **jaunes d'œufs durs** à la fourchette. Ajoutez 1 c. à s. de **moutarde**, ½ c. à c. de **sel**, 3 c. à s. de **vinaigre de vin** puis ajoutez 8 c. à s. d'**huile de pépins de raisin** goutte à goutte sans cesser de fouetter, poivrez à la fin. Incorporez 3 **cornichons**, les 2 **blancs d'œufs durs** coupés en dés, et 1 c. à c. de **câpres**. Ciselez quelques brins de **persil**, **ciboulette** et **cerfeuil** et mélangez le tout.

SAUCE « COCKTAIL »

Ajoutez à une mayonnaise classique de la **sauce tomate** relevée par un **alcool fort** (cognac ou whisky), 1 trait de **Tabasco**, et de la **sauce Worcestershire** selon le goût.

SAUCE CÉSAR AUX ANCHOIS À L'HUILE

Mixez ou pilez 6 **filets d'anchois à l'huile**, 1 **gousse d'ail** et 1 **jaune d'œuf**. Ajoutez délicatement 8 c. à s. d'**huile d'olive** petit à petit en émulsionnant pour former une crème, le **jus de ½ citron**, 1 sachet de **parmesan râpé** (80 g), du **sel** et du **poivre** selon votre goût. En raison de l'œuf cru, cette sauce ne se conserve pas. Si vous voulez la conserver : pas d'œuf !

SAUCES LACTÉES

« YAOURTETTE »

Remplacez l'huile de la vinaigrette par du **yaourt 0% de MG** et le sel par de la **sauce soja**. Ce qui donne : 1 c. à c. de **sauce soja**, du **poivre**, 1 c. à c. de **moutarde**, 2 c. à s. de **vinaigre de vin ou balsamique** et 4 c. à s. de **yaourt**.

FROMAGE BLANC ET MOUTARDE

Mélangez à parts égales du **fromage blanc 0% de MG** et de la **moutarde fine, en grains, forte ou parfumée**, à l'estragon par exemple.

YAOURT ET BEURRE DE CACAHUÈTE

Mélangez à parts égales du **yaourt** et du **beurre de cacahuète**, avec une giclée de **jus de citron**, du **sel** et du **poivre**.
Vous pouvez remplacer le yaourt par du **lait de coco**.

YAOURT ET FETA

Mixez ½ tranche (50 g) de **feta** avec un **yaourt grec** (150 g) et quelques feuilles de **basilic** ou de **menthe**. Poivrez.

YAOURT ET TAHINI
(SAUCE LEVANTINE)

Mélangez à parts égales du **tahini** (pâte de sésame) et du **yaourt** ; ou encore 2 c. à c. de **tahini**, 2 c. à c. d'**eau tiède**, 1 c. à c. de **sauce soja** et le **jus de 1 citron**.

SAUCE TIÈDE AU SAFRAN

Chauffez au micro-ondes, pendant 1 minute, ½ brique de **crème fraîche** (15 cl), le **jus de 1 citron**, du **sel**, du **poivre** et 1 dosette de **safran**.

SAUCE TIÈDE AUX ANCHOIS À L'HUILE

Chauffez au micro-ondes, pendant 1 minute, ½ brique de **crème fraîche** (15 cl) et 12 **anchois à l'huile**. Mixez et ajoutez du **persil** ciselé.

SAUCE LÉGUMES LACTÉE

Faites cuire 2 **carottes**, 1 **oignon** et 1 **poireau** dans du lait, puis mixez : le résultat est une sauce veloutée et crémeuse... sans crème !

SAUCES AUX LÉGUMES & HERBETTES

SAUCE « GUAC-ORANGE »

Coupez 1 gros **avocat** en petits cubes, ajoutez le jus de 1 **citron vert**, la chair de 1 **orange** et 1 petit **oignon rouge** haché fin. Ajoutez de la **coriandre** ciselée et saupoudrez de **piment d'Espelette**.

SAUCE TZATZIKI

Mélangez ½ **concombre** pelé, épépiné et râpé, 1 **yaourt grec**, ½ g d'**ail** pressé, des feuilles de **menthe**, du **sel** et du **poivre**.

SAUCE POIVRONS

Mixez 100 g de **poivrons rouges** grillés en bocaux, 3 c. à s. de **noix**, 1 c. à c. de **jus de citron**, 3 c. à s. de **yaourt**, du **sel** et du **poivre**.

SAUCE VIERGE DE TOMATE

Coupez 1 **tomate**, 1 **oignon nouveau** et ajoutez 1 g d'**ail** et le jus de 1 **citron**. Salez, poivrez. Hachez quelques brins de **basilic** et de **ciboulette**.
Versez le tout dans un bol et couvrez d'**huile d'olive**.

SAUCE CONCOMBRE SÉSAME

Mixez 3 c. à s. de **tahini** (pâte de sésame), 1 tronçon de **concombre** pelé et coupé en petits dés, 1 **yaourt grec** (150 g), du **sel** et du **poivre**.

SAUCE AU PESTO

Mixez 1 bouquet de **basilic** (ou autres herbes ou fanes : de radis par exemple), 1 g d'**ail**, 3 c. à s. de **pignons**, 3 c. à s. de **parmesan**, du **sel**, du **poivre**, et allongez d'**huile d'olive**.

VINAIGRETTE AU JUS DE CAROTTE

Mélangez ½ c. à c. de **sel**, du **poivre**, 1 c. à c. de **moutarde**, 1 c. à s. de **vinaigre de vin ou balsamique**, 3 c. à s. de **jus de carotte** (en bouteille) et 1 pincée de **piment d'Espelette** ou 1 pointe de **wasabi**.

CHIMICHURRI

Effeuillez 1 botte de **persil**, 1 botte de **coriandre** et ajoutez 1 c. à s. d'**origan sec**. Mixez avec 1 **oignon rouge** pelé et coupé en quartiers, 3 **gousses d'ail**, 1 c. à c. de **sel**, 1 c. à c. de **piment d'Espelette**, 3 c. à s. de **vinaigre de vin** et 10 cl d'**huile d'olive**.

PERSIL ET BOUILLON

Mixez finement 1 grosse botte de **persil**, 1 à 2 cm **de gingembre**, 1 **tomate**, 2 c. à s. de **sauce soja** et 1 louche de **bouillon de légumes**. Résultat : un délice !

DESSERTS

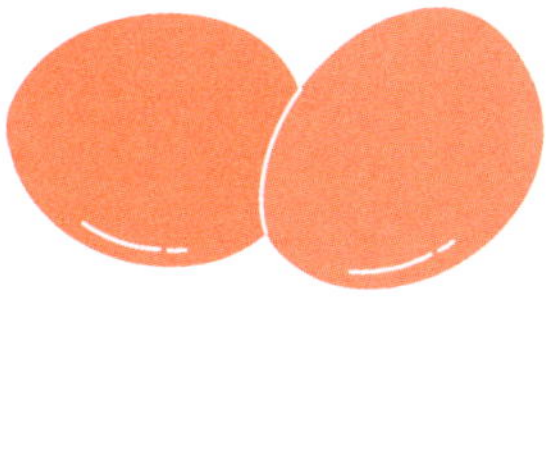

CHANTILLY

PRÉPARATION	POUR	CUISSON	RÉFRIGÉRATION DU MATÉRIEL
15 minutes	4 personnes	Aucune	2 heures avant

La crème dite Chantilly laisse penser que son invention serait due à François Vatel, l'illustre cuisinier au service du Grand Condé, propriétaire du Château de Chantilly, entre 1667 et sa mort dramatique en 1671. Et bien tout ceci n'est que légende, car la crème montée sucrée était déjà connue sous le joli nom de « neige de lait » depuis le XVIe siècle !

INGRÉDIENTS

- 25 cl de crème fraîche liquide à minimum 30 % de MG
- 15 g de sucre glace

USTENSILES

- Bol
- Fouet (manuel ou robot)

Le + de Sylvia

Servez avec… tout ! Fruits, gâteaux, chouquettes, meringues, café, tout est bon avec une cuillerée de Chantilly maison !

1 Placez la crème, le fouet et le bol ou saladier dans lequel vous souhaitez réaliser la Chantilly au réfrigérateur pendant 2 heures.

2 Fouettez la crème bien froide jusqu'à ce qu'elle soit de consistance neigeuse. Attention : n'allez pas au-delà, elle pourrait se transformer en beurre !

3 Versez le sucre glace, faites encore deux tours de fouet et c'est terminé. Léchez les branches du fouet, oui c'est permis !

4 Réservez au réfrigérateur avant de déguster.

CLAFOUTIS

PRÉPARATION	POUR	CUISSON
15 minutes	**4 personnes**	**35 minutes**

Du lait, des œufs, du sucre et de la farine : voilà tout ce qu'il vous faut pour une pâte à clafoutis, que vous verserez sur de belles cerises entières, avec noyaux, et cuirez au four.
La recette est originaire du centre de la France, du Limousin plus précisément. La pâte à clafoutis est très versatile : versée sur des pruneaux et cuite au four elle devient un far breton ; cuite à la poêle vous obtenez des crêpes !

INGRÉDIENTS

- 3 c. à s. de cassonade
- 50 g de beurre doux
- 500 g de cerises
- 50 g de farine
- 150 g de sucre
- 2 œufs entiers
- 3 jaunes d'œufs
- 1 gousse de vanille
- 33 cl de crème fraîche
- Quelques pincées de fleur de sel

USTENSILES

- Fouet ou robot mélangeur
- Plat à gratin

Le + de Sylvia

Une querelle oppose les tenants du dénoyautage et ceux qui préfèrent laisser les cerises entières, mais c'est le fait de laisser le noyau qui fait le goût !
Pour ne pas jeter les 3 blancs d'œufs, vous pouvez faire le lendemain des financiers *(voir p. 142)*.

1 Beurrez (10 g) et sucrez un plat avec la cassonade.

2 Disposez-y les cerises lavées et équeutées.

3 Mélangez au fouet (ou au robot) la farine, le sucre, les œufs entiers et les jaunes, les grains de la gousse de vanille et la crème fraîche.

4 Quand la pâte est bien lisse, versez-la sur les cerises et disposez le beurre en copeaux par-dessus.

5 Faites cuire 35 minutes dans un four préchauffé à 180 °C.
10 minutes avant la fin de la cuisson, saupoudrez de quelques pincées de fleur de sel et de la cassonade restante.

CRÈME CARAMEL

PRÉPARATION	POUR	CUISSON
20 minutes	**4 personnes**	**30 minutes**

La crème caramel, aussi appelée flan, crème renversée ou œufs au lait, fait partie des plus anciennes (et faciles) recettes de dessert français, remontant au minimum au début du Moyen Âge. On vendait des « flanciaux sucrés » – ainsi que des gaufres – dans les rues de Paris au XIIIe siècle !

INGRÉDIENTS

- 75 cl de lait entier frais
- 110 g de sucre
- 5 œufs
- 2 gousses de vanille

USTENSILES

- 2 casseroles
- Fouet ou robot mélangeur
- Passoire
- Plat à bain-marie
- Gros ramequin de 21 cm de diamètre et 9 cm de hauteur
- Saladier

Le + de Sylvia

Cette version est la recette des œufs au lait de ma Grand-Mère du Périgord, qui est celle que l'on nomme aussi « crème caramel à la parisienne ». Comme quoi la Province peut être aussi un peu Parisienne, et vice versa !

1 Versez le lait dans une casserole, ajoutez les gousses de vanille fendues en deux et grattées puis portez à ébullition. Maintenez à feu doux pendant 15 minutes pour que l'eau s'évapore au maximum.

2 Préparez un caramel en faisant fondre 60 g de sucre dans une petite casserole à feu doux. Retirez la casserole du feu dès que le caramel est liquide et versez-le dans le fond d'un ramequin.

3 Fouettez les œufs et le sucre restant dans un saladier, manuellement ou à l'aide d'un robot pendant 5 à 10 minutes.

4 Versez le lait chaud sur les œufs petit à petit sans cesser de fouetter.

5 Transvasez la préparation dans le ramequin, versez-la sur le caramel en la passant à travers une passoire.

6 Placez le ramequin dans un plat plus grand pour faire bain-marie. Faites cuire environ 30 minutes au four préchauffé à 180 °C (ou 1 heure à 120 °C).

7 Les œufs au lait sont cuits quand une couche bien dorée s'est formée sur le dessus. Laissez refroidir et mettez au réfrigérateur avant de servir.

CRUMBLE DE FRUITS DE SAISON

PRÉPARATION	POUR	CUISSON
15 minutes	**4 personnes**	**20 minutes**

Le mot *crumble* vient du verbe anglais qui signifie « mettre en miettes ». Ce procédé permet de fabriquer une sorte de tarte aux fruits avec moins de farine, d'œufs et de beurre qu'une pâte à tarte classique : c'est malin et ça laisse aux fruits le rôle de vedette ! Pendant la Seconde Guerre mondiale, la recette a traversé le Channel en même temps que les Alliés. Une recette approchante à base d'émietté de beurre, farine et sucre existait cependant en Europe de l'Est depuis près d'un siècle.

INGRÉDIENTS

CRUMBLE

- 2 c. à s. de sucre ou de miel
- 100 g de farine
- 50 g de beurre salé
- 75 g de cassonade
- ½ c. à c. de cannelle en poudre
- Beurre pour les moules

HIVER

- 4 pommes

PRINTEMPS

- 3 pommes
- 125 g de fraises ou de framboises

ÉTÉ

- 800 g de pêches, nectarines, abricots et melon mélangés

AUTOMNE

- 400 g de prunes
- 200 g de figues
- 125 g de mûres ou de framboises

USTENSILES

- Plat à gratin ou 4 verrines ou petites cocottes
- Saladier

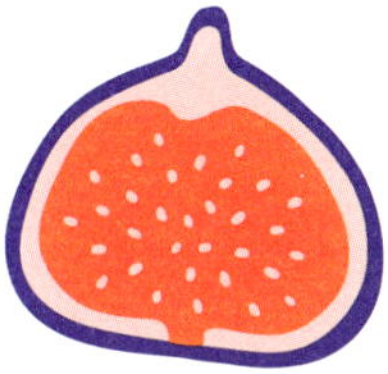

1 Coupez grossièrement les fruits en lamelles de 1 cm d'épaisseur dans un saladier, enrobez-les de sucre ou de miel, et répartissez-les dans un plat ou des verrines préalablement beurrés.

2 Mélangez tous les ingrédients du crumble du bout des doigts jusqu'à l'obtention de miettes grossières. Émiettez le crumble par-dessus les fruits.

3 Faites cuire dans un four préchauffé à 180 °C pendant 20 minutes.

Le + de Sylvia

Vous pouvez remplacer la farine par des flocons d'avoine, et ajouter quelques cornflakes pour augmenter le croustillant – c'est un secret, ne le répétez pas !

GALETTE DES ROIS

PRÉPARATION	POUR	CUISSON
15 minutes	**8 personnes**	**25 minutes**

Le partage d'une galette, entre fin décembre et début janvier, est issu de la tradition romaine des Saturnales, qui avaient lieu à cette époque. La galette cachait à l'époque une fève, une vraie et pas en porcelaine. Celui qui la trouvait devenait « Prince des Saturnales » et avait le droit d'obtenir tout ce qu'il souhaitait pendant une journée. Quelle belle tradition !

INGRÉDIENTS

- 150 g de poudre d'amandes
- 70 g de beurre
- 70 g de sucre
- 2 sachets de sucre vanillé
- 3 œufs
- 2 pâtes feuilletées pur beurre prêtes à l'emploi

USTENSILES

- 1 ou 2 couronnes
- 1 ou 2 fèves
- Papier sulfurisé
- Pinceau
- Plaque du four
- Plat

Le + de Sylvia

Servez idéalement avec un carpaccio d'agrumes ou d'ananas.

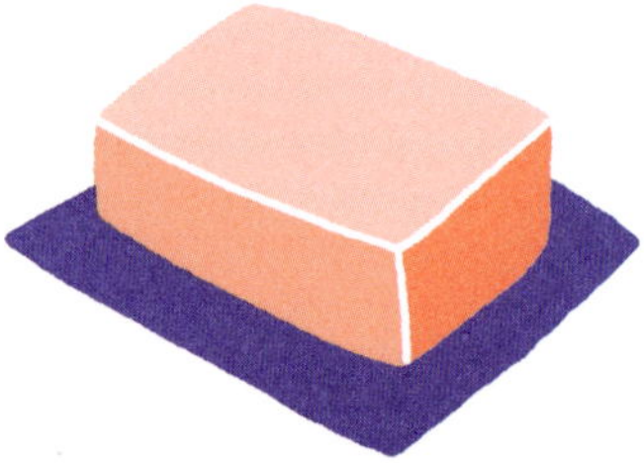

1 Préparez la frangipane en mélangeant la poudre d'amandes, le beurre, les sucres et 2 œufs entiers.

2 Étalez une première pâte feuilletée sur la plaque du four recouverte de papier sulfurisé, piquez-la avec une fourchette.

3 Séparez le blanc et le jaune du dernier œuf.
À l'aide d'un pinceau, badigeonnez de blanc d'œuf les bords de la pâte sur environ 3 cm de large.
Étalez la frangipane jusqu'aux bords mouillés et dissimulez la (ou les) fèves.

4 Posez la seconde pâte feuilletée par-dessus, scellez les bords, badigeonnez le dessus de la galette avec le jaune d'œuf et tracez un quadrillage avec la pointe d'un couteau ou les dents d'une fourchette. Faites une légère fente au centre pour créer une petite « cheminée ».

5 Faites cuire 25 minutes dans un four préchauffé à 210 °C.
Sortez du four et laissez à température ambiante, ou dégustez tiède en repassant éventuellement la galette 10 minutes au four juste avant de servir.

MOUSSE AU CHOCOLAT

PRÉPARATION	POUR	RÉFRIGÉRATION
15 minutes	**8 personnes**	**25 minutes**

C'est un des desserts préférés des Français, qui date du XVIIIe siècle, et aurait été créé par le chef cuisinier du roi Louis XVI.
Lui au moins avait la tête sur les épaules !

INGRÉDIENTS

- 100 g de chocolat à 64 %
- 25 g de beurre
- 3 œufs
- 25 g de sucre
- 1 pincée de sel
- Fleur de sel

USTENSILES

- Fouet (manuel ou électrique)
- Plat allant au four à micro-ondes (ou 1 petite et 1 grande casserole)
- Saladier

Le + de Sylvia

Servez idéalement avec... des madeleines ! *(voir p. 144)*

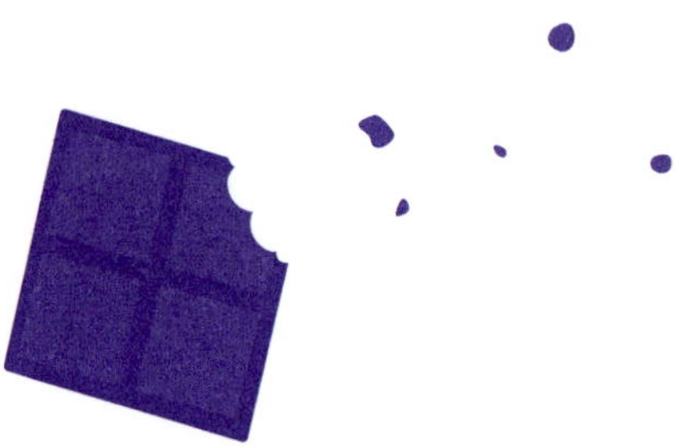

1 Cassez le chocolat en morceaux et faites-le fondre avec le beurre au four à micro-ondes ou au bain-marie.

2 Cassez les œufs en séparant les blancs des jaunes.

3 Versez les jaunes d'œufs dans le chocolat fondu en fouettant.

4 Ajoutez le sucre et quelques pincées de fleur de sel.

5 Montez les blancs d'œufs en neige avec une pincée de sel.

6 Mélangez délicatement les deux préparations selon un mouvement du haut vers le bas.

7 Dressez dans une jolie coupe et faites prendre au réfrigérateur au moins 2 heures.

POIRES AU SIROP

PRÉPARATION	POUR	CUISSON
10 minutes	**4 à 6 personnes**	**20 minutes**

Les poires pochées doucement dans le sirop permettent de faire manger et apprécier des fruits aux plus récalcitrants. Vous pouvez sophistiquer la recette en la transformant en Poires Belle-Hélène, cette fameuse recette créée par Escoffier, autour de 1864, en l'honneur de l'opérette *La Belle Hélène d'Offenbach.* Versez alors sur le nez des poires une jolie sauce au chocolat noir bien chaude, et escortez-les d'une boule de glace vanille.

INGRÉDIENTS

- 6 poires
- 1 citron
- 60 cl d'eau
- 100 g de sucre ou de cassonade
- 1 gousse de vanille (ou 6 capsules de cardamome)
- 1 cm de gingembre
- 12 pistils de safran

USTENSILES

- Casserole
- Saladier

Le + de Sylvia

Ces poires au sirop sont idéales tout l'automne et l'hiver, même avec des fruits pas parfaitement mûrs. Vous pouvez les préparer sans épices, en mettant simplement du sucre, mais c'est meilleur avec.

1 Pelez et coupez les poires en quatre dans le sens de la hauteur.

2 Disposez-les au fur et à mesure dans un saladier d'eau citronnée pour éviter qu'elles ne s'oxydent.

3 Faites chauffer 60 cl d'eau, ajoutez-y le sucre, la vanille fendue en deux et grattée pour récupérer les grains (ou les capsules de cardamome ouvertes, vidées et légèrement écrasées) et le gingembre pelé et coupé en rondelles.

4 Déposez les poires dans la casserole de sirop. À la reprise de l'ébullition, couvrez et comptez 15 minutes.

5 Coupez le feu, ajoutez les pistils de safran et laissez infuser à couvert jusqu'au moment de servir dans un joli plat.

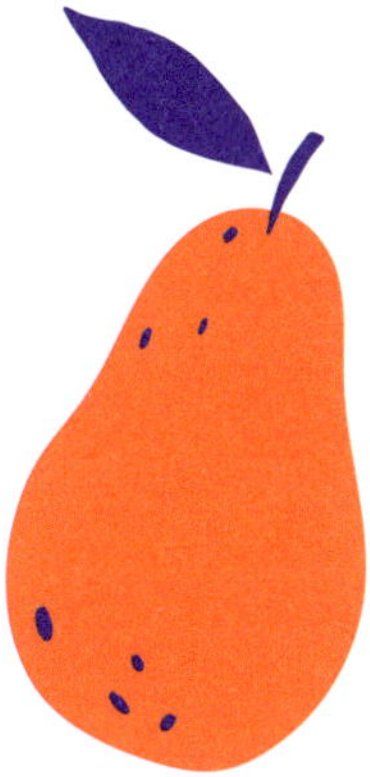

POMMES AU FOUR

PRÉPARATION	POUR	CUISSON
5 minutes	**4 personnes**	**30 minutes**

« Une pomme par jour chasse le médecin », disait Churchill.
« Surtout si on vise bien », ajoutait ma Grand-Mère !

INGRÉDIENTS
- 4 pommes bio
- 4 noisettes de beurre salé
- 4 c. à c. de confiture de fruits rouges (facultatif)
- 1 sachet de sucre vanillé (ou 4 c. à c. de cassonade)
- 1 verre d'eau

USTENSILES
- Plat allant au four
- Vide-pomme

Le + de Sylvia

Servez avec une boule de glace. Simple, efficace et délicieux !

1 Lavez et équeutez les pommes. Videz-les à l'aide d'un vide-pomme ou avec un couteau sans aller jusqu'au fond.

2 Donnez trois coups de fourchette pour piquer la peau des pommes.

3 Disposez-les dans un plat allant au four, déposez les noisettes de beurre dans le creux de chacune et la confiture si vous le souhaitez. Saupoudrez de sucre vanillé.

4 Versez un verre d'eau dans le fond du plat et faites cuire 30 minutes dans un four préchauffé à 180 °C.

5 Au bout de 15 minutes, arrosez les pommes avec leur jus de cuisson.

RIZ AU LAIT

PRÉPARATION	POUR	CUISSON
5 minutes	**4 personnes**	**40 minutes**

À base de riz rond cuit dans du lait et du sucre, il est cuisiné depuis plus de 1 000 ans, principalement dans la cuisine arabe du Moyen Âge. Ce dessert semble avoir conquis l'Europe autour du XVe siècle et reste un modèle de recette simple et régressive.

INGRÉDIENTS
- 1 litre de lait entier
- 1 à 2 gousses de vanille
- 1 bâton de cannelle
- 150 g de riz rond (arborio ou carnaroli)
- 100 g de sucre ou cassonade

USTENSILES
- Casserole

Le + de Sylvia

Vous pouvez varier avec tous les laits végétaux, aujourd'hui disponibles partout : amande, noisette… Le gâteau de riz, servi avec du caramel ou de la crème anglaise, est également un grand classique de la cuisine familiale française.

1 Portez le lait à ébullition avec la vanille fendue en deux et grattée pour prélever les grains, et le bâton de cannelle.

2 Dès qu'il frémit, versez le riz en pluie, mélangez et attendez la reprise de l'ébullition.

3 Baissez le feu et laissez cuire 35 à 40 minutes en remuant régulièrement, mais sans aller jusqu'à une absorption complète du liquide.

4 Ôtez la ou les gousses de vanille et le bâton de cannelle.

5 Ajoutez le sucre, remuez une dernière fois et versez le tout dans un joli saladier.

6 Laissez refroidir, avec un film alimentaire au contact du riz si vous voulez éviter la formation d'une petite croûte (que moi j'aime bien, c'est une affaire de goût !).

TARTE AU CITRON MERINGUÉE

PRÉPARATION	POUR	CUISSON
30 minutes	**6 à 8 personnes**	**25 minutes**

La tarte au citron meringuée possède 3 pays d'origine. La meringue vient de Suisse – de la ville de Meiringen où elle a été inventée en 1720. La crème citron apparait au Royaume-Uni à la fin du XVIIIe siècle et le tout a été assemblé et codifié par une cuisinière de Philadelphie, Elisabeth Goodwell, en 1806.
Le collectif est toujours plus fort !

INGRÉDIENTS

PÂTE SUCRÉE

- 160 g de beurre
- 80 g de sucre glace
- 70 g de poudre de noisettes
- 1,5 g de fleur de sel
- 300 g de farine
- 1 gros œuf

CRÈME CITRON & MERINGUE

- 15 cl de jus de citron (3 ou 4 citrons)
- Le zeste râpé de 2 citrons bio ou parfaitement lavés
- 150 g de sucre
- 150 g de beurre
- 5 œufs
- 60 g de sucre glace

USTENSILES

- Casserole
- Fouet
- Mixeur
- Moule à tarte de 30 cm de diamètre
- Papier sulfurisé
- Râpe à zeste
- Rouleau à pâtisserie
- Saladier

Le + de Sylvia

Je varie parfois ce grand classique en étalant avant la crème citron une fine couche de chocolat noir fondu, un vrai délice !

1 Préparez la pâte en mélangeant les ingrédients dans l'ordre.

2 Étalez la pâte sur un papier sulfurisé à l'aide d'un rouleau à pâtisserie à environ 3 mm d'épaisseur. Déposez-la dans un moule à tarte, piquez-la avec une fourchette.

3 Faites-la précuire pendant 15 minutes à 180 °C.
Réservez à température ambiante.

4 Portez à ébullition le jus de citron et le zeste râpé de 2 citrons avec le sucre et le beurre.

5 Séparez les blancs et les jaunes de 4 œufs.

6 Retirez la casserole du feu et ajoutez 1 œuf et 4 jaunes en fouettant.

7 Faites épaissir la préparation sur feu doux sans cesser de mélanger pendant 2 minutes. Laissez refroidir 5 minutes avant de garnir la pâte cuite et refroidie de crème citron.

8 Montez les 4 blancs en neige, ajoutez le sucre glace petit à petit et fouettez encore 2 minutes. Étalez la meringue sur la crème citron.
Passez 10 minutes au four préchauffé à 150 °C.
Réservez à température ambiante.

TARTE TATIN

PRÉPARATION	POUR	CUISSON
15 minutes	**6 à 8 personnes**	**50 minutes**

On connaît tous l'histoire de la tarte tatin, l'exemple de sérendipité par excellence : une tarte renversée par erreur que les sœurs Tatin décident de servir quand même, dont l'originalité passe ainsi à la postérité. Vous connaissiez peut-être les sœurs Tatin, mais pas leurs prénoms ! Elles s'appelaient Caroline et Stéphanie, comme certaines autres sœurs célèbres !
Maintenant, vous pourrez briller dans les émissions de cuisine-réalité !

INGRÉDIENTS
- 130 g de sucre
- 125 g de beurre
- Quelques pincées de fleur de sel
- 8 belles pommes Golden
- 1 sachet de sucre vanillé
- 1 pâte brisée toute prête ou maison (voir recette de quiche p. 72)
- 1 pot de crème fraîche épaisse (ou 1 pot de glace vanille)

USTENSILES
- Plat à tarte en verre ou en métal (allant sur feu et au four) de 26 cm de diamètre
- Plat de service à petits bords

Le + de Sylvia

La pâte brisée est une des plus simples à faire à la maison, et avec un robot, c'est encore plus simple.
Les variantes de tarte Tatin : aux poires, aux coings, ou même salées revisitent la tradition, sur le même principe.

1 Répartissez le sucre au fond d'un moule et faites-le caraméliser sur le feu de la cuisinière jusqu'à l'obtention d'une couleur brune. Ajoutez la fleur de sel et réservez.

2 Épluchez les pommes et coupez-les en quatre en ôtant le cœur.

3 Disposez-les en rosace sur le caramel sur plusieurs couches bien serrées.

4 Remettez sur le feu et faites cuire 30 minutes sur feu doux.

5 Saupoudrez les pommes de sucre vanillé, recouvrez de pâte en bordant bien les pommes, piquez la surface de la pâte et enfournez pendant 20 minutes dans un four préchauffé à 180 °C.

6 Laissez reposer quelques instants avant de la retourner sur un plat de service. Si les pommes ont du mal à se décoller, repassez le plat sur la cuisinière quelques minutes.
Servez chaud accompagné de crème bien froide.

TARTELETTES FINES AUX POMMES

PRÉPARATION	POUR	CUISSON
15 minutes	**4 personnes**	**20 minutes**

Ce sont les Anglais qui revendiquent l'invention de l'*apple pie*, comme l'atteste un écrit de 1381. Il existe aujourd'hui 1 000 façons d'interpréter ce grand classique international : avec croisillons de pâte ou sans, avec de la poudre d'amandes ou de la crème amandine ou pas, avec un soupçon de cannelle, une boule de glace, de la crème anglaise ou fraîche de Normandie, sous forme de tartelettes individuelles, ou à partager...

INGRÉDIENTS

- 1 pâte feuilletée pur beurre prête à l'emploi
- 2 pommes
- 2 c. à c. de miel
- 4 c. à s. de poudre d'amandes
- 30 g de beurre
- 4 c. à c. de cassonade
- Glace à la noisette, noix de coco, vanille...

USTENSILES

- Emporte-pièce rond de 13 cm de diamètre ou un bol
- Papier sulfurisé
- Plaque du four

Le + de Sylvia

L'astuce de mettre en place les tartes et de les cuire pendant qu'on déguste le plat est idéal pour préserver leur crousti-moelleux.

1 Placez une feuille de papier sulfurisé sur la plaque du four. Étalez la pâte feuilletée et découpez 4 cercles de pâte à l'emporte-pièce ou avec un bol. Déposez les cercles de pâte sur la plaque et piquez-les à l'aide d'une fourchette. Gardez les chutes pour faire des petits feuilletés apéritifs maison (la pâte roulée en boule peut se conserver 3 à 4 jours au réfrigérateur).

2 Pelez les pommes et coupez-les en tranches fines.

3 Étalez 1 cuillerée à soupe de poudre d'amandes sur chaque disque de pâte puis déposez une demi-pomme en tranches par-dessus.

4 Saupoudrez chaque tarte de 1 cuillerée à café de sucre cassonade, posez une noisette de beurre et ½ cuillerée à café de miel sur les pommes. Entreposez au réfrigérateur jusqu'à la cuisson.

5 Préchauffez le four à 180 °C. Enfournez les tartes pendant 20 minutes.

6 Servez chaque tartelette fine tiède sur une assiette avec une boule de glace ou le pot de glace sur la table.

TIRAMISU

PRÉPARATION	POUR	CUISSON	RÉFRIGÉRATION
15 minutes	**6 personnes**	**Aucune**	**2 heures**

Ce grand classique italien a franchi les Alpes au XVIIIe siècle, et son nom est resté en Italien dans le texte, sans que la plupart des gourmands en connaisse vraiment la traduction. *Tiramisù* veut dire littéralement « tire-moi au-dessus », soit « remonte-moi », sous-entendu la forme et le moral. C'est une recette conçue à l'origine comme un petit remontant bien riche pour les femmes enceintes. Les prostituées de Venise lui auraient trouvé un tout autre intérêt !

INGRÉDIENTS

- 3 œufs
- 250 g de mascarpone (1 pot)
- 60 g de sucre roux
- 1 gousse de vanille
- 12 ou 24 biscuits à la cuillère
- 2 expressos additionnés de 2 c. à s. de marsala ou 1 grand verre de jus d'orange
- 30 g de cacao en poudre

USTENSILES

- Mixeur
- Passette
- 6 verrines (ou 1 plat à gratin de 36 x 21 cm)

Le + de Sylvia

Cette recette est exceptionnellement pour six, histoire d'utiliser tout le pot de mascarpone et de ne pas faire traîner un petit reste au fond du frigo. Personnellement, j'aime disperser une barquette de framboises (125 g) entre les biscuits et la crème, histoire de créer une petite surprise croquante, juteuse et acidulée.

1 Séparez les jaunes des blancs d'œufs.

2 Fouettez le mascarpone avec les jaunes d'œufs et la moitié du sucre.

3 Montez les blancs d'œufs en neige avec les grains de la gousse de vanille fendue en deux et grattée, et le reste du sucre.

4 Disposez les biscuits au fond des verrines ou du plat à gratin, arrosez de café au marsala dilué avec 2 cuillerées à soupe d'eau ou du jus d'orange pour une version sans alcool.

5 Versez par-dessus le mélange au mascarpone.

6 Réservez au réfrigérateur au minimum 2 heures.

7 Dispersez le cacao sur le dessus à l'aide d'une passette juste avant de servir.

GOÛTER

COOKIES

PRÉPARATION	POUR	CUISSON
15 minutes	**18 cookies**	**15 minutes**

C'est au restaurant Toll House Inn, dans le Massachusetts, que Ruth Wakefield inventa en 1938 ce petit biscuit plat. Son originalité reposait sur les pépites de chocolat non fondues, à base de chocolat mi-sucré de Nestlé « de la taille d'un petit pois ». Nestlé inscrivit la recette sur ses paquets de chocolat, et garantit à Ruth Wakefield la livraison gratuite de son chocolat... à vie ! La petite gourmandise aurait été créée à partir d'une recette de colons hollandais, elle opère donc un retour sur sa terre d'origine si vous la réalisez en Europe !

INGRÉDIENTS

- 100 g de pépites de chocolat noir
- 100 g de pépites de chocolat au lait
- 100 g de beurre salé à température ambiante
- 80 g de sucre muscovado
- 80 g de cassonade
- 1 œuf
- 170 g de farine
- 6 g de levure chimique (½ sachet)
- Quelques grains de fleur de sel

USTENSILES

- Papier sulfurisé
- Plaque du four
- 2 saladiers

Le + de Sylvia

Le sucre muscovado est un sucre brut proche de celui qui a probablement été utilisé à l'origine lors de la création de la recette. À indice glycémique bas, ce sucre est bien meilleur que les autres pour la santé.
Vous pouvez le remplacer par de la cassonade, ou du sucre blanc avec quelques gouttes d'extrait de vanille.
L'autre originalité de la recette réside dans l'ajout de cristaux de sel qui vont titiller vos papilles et faire apprécier le goût du sucre et du cacao.

1 Versez les pépites de chocolat dans un saladier et mélangez-les.

2 Dans un second saladier, mélangez le beurre, les sucres, l'œuf, puis ajoutez la farine et la levure mélangées ensemble.

3 Rassemblez et mélangez le contenu des deux saladiers en un pâton un peu allongé, coupez-le en deux dans le sens de la longueur, puis dans le sens de la largeur en trois puis en trois.

4 Formez des boules à aplatir en forme de cookies et déposez-les sur la plaque du four recouverte de papier sulfurisé, en les espaçant les unes des autres. Saupoudrez-les de quelques grains de fleur de sel.

5 Faites cuire dans un four préchauffé à 190 °C pendant 12 minutes. Les cookies doivent être moelleux à l'intérieur et dorés à l'extérieur.

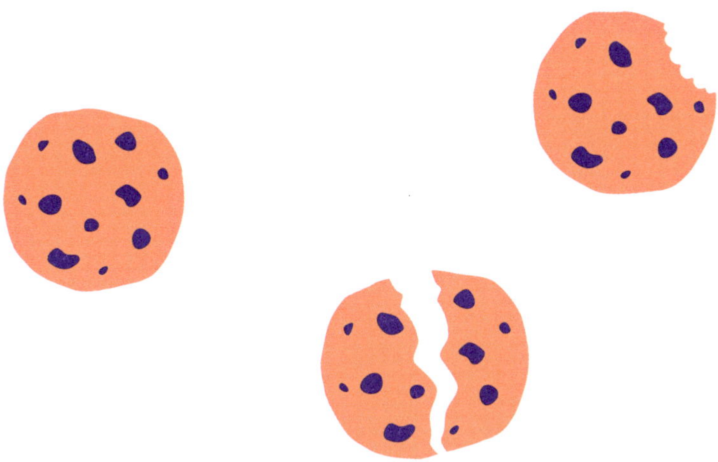

CRÊPES

PRÉPARATION	POUR	CUISSON
15 minutes	**8 à 12 crêpes**	**25 minutes**

Les premières formes de crêpes existent depuis 9 000 ans. Chez les Romains, ces fins disques de pâte étaient destinés à évoquer le soleil, les jours qui s'allongent, et le temps des premières semences de l'année. Le 2 février, fête de la Chandeleur, est le jour des crêpes. En France, on célèbre cette fête, païenne à l'origine, depuis le Ve siècle. L'arrivée du sarrasin avec les Croisés au XIIIe siècle, a permis aux Bretons de créer la galette de blé noir, tandis que la crêpe de blé tendre – ou froment – ne date que du début du XXe siècle.

INGRÉDIENTS

- 250 g de farine de froment
- 3 œufs
- 50 cl de lait entier
- 1 pincée de sel
- Vanille, fleur d'oranger ou rhum pour parfumer (facultatif)
- Huile neutre

USTENSILES

- Bol
- Fouet manuel ou électrique
- Louche
- Poêle antiadhésive
- Saladier
- Spatule

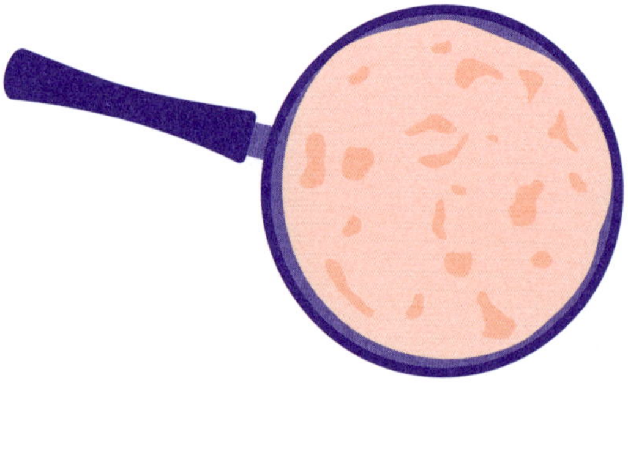

1 Versez la farine dans un saladier, ajoutez les œufs puis le lait en fouettant.

2 Ajoutez le sel et l'arome. Laissez reposer 1 heure au réfrigérateur.

3 Faites chauffer une poêle sur feu vif, huilez-la uniformément puis débarrassez l'excédent d'huile dans un bol.

4 Versez une louche de pâte, étalez-la en inclinant la poêle, faites cuire la crêpe quelques secondes et baissez le feu pour maîtriser le reste de la cuisson.

5 Faites sauter la crêpe ou aidez-vous d'une spatule, si vous ne voulez prendre aucun risque ! Débarrassez-la sur une assiette, éventuellement maintenue au chaud sur un bain-marie, à couvert.

6 Répétez l'opération jusqu'à épuisement de la pâte.

Le + de Sylvia

Pour une pâte à crêpes réussie, les proportions mnémotechniques « 4-3-2-1 » fonctionnent également : 4 verres de farine + 3 œufs + 2 verres de lait + 1 pincée de sel. C'est encore plus facile sans balance, et rapide ! La plus célèbre des crêpes est bien sûr la crêpe Suzette, que l'on doit au génial Escoffier en 1887. Certaines brasseries parisiennes continuent de perpétuer la tradition en réalisant la finition et le flambage devant le client. Je ne sucre pas ma pâte à crêpes, comme ça je peux transformer facilement le reste de pâte en... néo-galette salée, à garnir de jambon, de fromage, et de légumes : avec épinards, tomates cerises, champignons ou courgettes sautées !

FINANCIERS

PRÉPARATION	POUR	CUISSON
15 minutes	**4 personnes**	**10 minutes**

Ces petits biscuits sont à l'origine des biscuits ronds fabriqués à Nancy, en Lorraine, au couvent des Sœurs de la Visitandine, qui avaient la particularité d'utiliser uniquement des blancs d'œufs – les jaunes ayant été utilisés par ailleurs par les Sœurs comme liant pour leur peinture. En 1890, le pâtissier parisien Lasne en propose dans sa boutique située proche de la Bourse, puis, il a l'idée astucieuse de séduire sa clientèle de proximité en donnant à ses biscuits la forme rectangulaire de petits lingots d'or.

INGRÉDIENTS

- 50 g de farine
- 50 g de poudre d'amandes (ou de noisettes)
- 1 c. à c. de vanille liquide
- 150 g de sucre glace
- 75 g de beurre
- 4 blancs d'œufs
- 1 pincée de sel

USTENSILES

- Fouet
- Plaque à financiers
- 2 saladiers

Le + de Sylvia

À vous d'utiliser les jaunes d'œufs pour d'autres recettes comme pour faire une mayonnaise par exemple *(p. 102)*, ou des pâtes carbonara *(p. 66)*.

1 Mélangez la farine, la poudre d'amandes, la vanille, le sucre, et le beurre fondu.

2 Fouettez les blancs légèrement avec la pincée de sel. Mélangez délicatement les deux préparations.

3 Versez la pâte dans une plaque à financiers et enfournez 10 minutes au four préchauffé à 180 °C.
Faites plusieurs fournées jusqu'à épuisement de la pâte.

MADELEINES

PRÉPARATION	POUR	CUISSON
15 minutes	**18 madeleines***	**16 minutes**

On ne présente plus ce petit gâteau.
Voici le texte à qui elle doit sa célébrité, extrait de *Du côté de chez Swann*, le premier roman de Marcel Proust, publié en 1913 :
« Elle [Tante Léonie] envoya chercher un de ces gâteaux courts et dodus appelés Petites Madeleines qui semblaient avoir été moulés dans la valve rainurée d'une coquille de Saint-Jacques ».

INGRÉDIENTS
- 140 g de beurre
- 125 g de farine
- 75 g de sucre
- ½ sachet de levure chimique
- 2 œufs
- 1 c. à s. de miel liquide
- 4 cl de lait entier
- Quelques grains de fleur de sel

USTENSILES
- Casserole
- Plaque-moule à madeleines en silicone ou antiadhésive
- Saladier

Le + de Sylvia

Servez idéalement avec de la tisane de tilleul comme la Tante Léonie de Marcel, du thé... ou de la mousse au chocolat ! (voir p. 120). Pour changer, il m'arrive de glisser dans la pâte de tous petits morceaux de fraises, essayez, c'est un délice !

1 Faites chauffer le beurre dans une casserole à feu vif jusqu'à l'obtention de la couleur noisette (15 minutes environ) mais pas au-delà.

2 Transvasez le beurre noisette dans un autre récipient pour laisser les particules brûlées au fond de la casserole et laissez refroidir à température ambiante puis au frigo. Vous obtiendrez 125 g de beurre.

3 Mélangez le reste des ingrédients dans un saladier.
Ajoutez le beurre noisette froid mais pas figé.
Gardez le tout à température ambiante jusqu'au moment de la dégustation.

4 Déposez une cuillerée à soupe de pâte dans les alvéoles du moule, faites cuire dans un four préchauffé à 180 °C pendant 7 à 8 minutes, et dégustez toutes chaudes.

** 2 tournées d'une plaque-moule à madeleines de 9 alvéoles.*

MŒLLEUX AU CHOCOLAT

PRÉPARATION	POUR	CUISSON
15 minutes	**6 personnes**	**8 à 10 minutes**

Il doit y avoir autant de recettes de moelleux au chocolat que de sélectionneurs de foot en France en période de coupe du monde, ou au minimum de fromages ! Le secret réside dans la cuisson à cœur. À vous d'essayer une première fois, et en fonction de votre plat et de votre four, d'étalonner le temps de cuisson de la recette pour atteindre précisément le Nirvanna du moelleux, et le reproduire la fois suivante !

INGRÉDIENTS

- 175 g de chocolat à 70 %
- 135 g de beurre salé
- 4 œufs
- 100 g de sucre (ou moins si vous le souhaitez)
- 75 g de farine
- Fleur de sel

USTENSILES

- Papier sulfurisé
- Plat allant au four à micro-ondes (ou 1 petite et 1 grande casserole)
- Plat à gratin de 36 x 21 cm

Le + de Sylvia

Servez avec une salade d'oranges, d'ananas, une compote ou des fruits rouges. Vous trouverez en toute saison des fruits qui se marieront parfaitement avec le chocolat, en plus évidemment d'un sorbet, d'une glace ou d'une petite Chantilly *(voir p. 110)*.

1 Faites fondre le chocolat avec le beurre au four à micro-ondes par cycles de 30 secondes pour ne pas « cuire » le chocolat, ou bien optez pour une fonte dans une casserole au bain-marie.

2 Fouettez les œufs avec le sucre jusqu'à ce que le mélange blanchisse, ajoutez la farine, puis le mélange au chocolat.

3 Recouvrez un plat de papier sulfurisé.

4 Faites cuire entre 8 et 10 minutes dans un four préchauffé à 180 °C, jusqu'à ce que les bords du gâteau se craquellent.

5 À la sortie du four, saupoudrez de quelques grains de fleur de sel.

PAIN PERDU

PRÉPARATION	POUR	CUISSON
10 minutes	**4 personnes**	**10 minutes**

Le pain est une denrée que l'on s'attache depuis toujours à ne pas gaspiller. Le pain perdu aurait été inventé par les Romains et il se murmure que cette recette aurait été l'une des favorites du roi Henri IV, dit le « Vert-Galant », roi de France entre 1589 et 1610, qui s'y connaissait en favorites ! Ce plat de pauvres à base de restes est alors devenu très prisé des tables aristocratiques.

INGRÉDIENTS
- 2 œufs
- 25 g de sucre
- 10 cl de lait entier
- 1 c. à c. de fleur d'oranger ou grains de vanille
- 4 tranches de pain rassis (ou autre brioche ou pannettone)
- 50 g de beurre

USTENSILES
- Assiette
- Grande poêle antiadhésive
- Plat allant au micro-ondes ou au four

Le + de Sylvia

Le pain perdu, c'est déjà une tuerie, mais le pannettone perdu, c'est carrément un massacre !
Servez avec des fruits frais ou cuits (poires, pommes, cerises, pêches...) et une boule de glace.
En version salée, on remplace le sucre (et la fleur d'oranger ou la vanille) par du fromage (gruyère râpé ou fromage bleu), c'est également divin !

1 Battez les œufs dans une assiette, ajoutez le sucre, le lait et la fleur d'oranger.

2 Trempez-y les tranches de pain.

3 Égouttez-les et faites fondre le beurre dans une poêle.
Dorez doucement les tranches de pain de chaque côté.

4 Réservez dans un plat et réchauffez juste avant de servir au four à micro-ondes ou au four.

ANNEXES

INDEX DES RECETTES

INDEX PAR INGRÉDIENT

TABLEAUX DE SAISONNALITÉ

FRUITS PRODUITS EN FRANCE

AUTOMNE	HIVER	PRINTEMPS	ÉTÉ
Banane	Ananas	Cassis	Abricot
Coing	Banane	Cerise	Brugnon, nectarine, pêche
Figue	Citron	Datte	Cassis
Framboise	Clémentine	Fraise	Cerise
Grenade	Grenade	Framboise	Figue
Kaki	Kaki	Groseille	Fruit de la passion
Kiwi	Kiwi	Lime	Grenade
Mûre	Kumquat	Mangue	Groseille
Orange	Mandarine	Melon	Melon
Poire	Mangue	Noix de coco	Mirabelle
Pomme	Orange	Pamplemousse	Mûre
Prune	Pamplemousse	Pêche	Myrtille
Pruneau	Poire	Pomme	Pastèque
Quetsche	Pomme	Rhubarbe	Quetsche
Raisin			Raisin
			Reine Claude

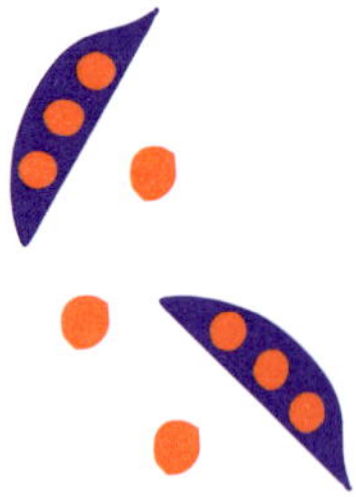

LÉGUMES PRODUITS EN FRANCE

AUTOMNE	HIVER	PRINTEMPS	ÉTÉ
Betterave	Avocat	Ail	Aromatiques et
Blette	Carotte	Artichaut camus	fleurs comestibles
Brocoli	Choux (De Bruxelles,	Asperge	Artichaut camus,
Cèleri	Frisé, Rouge, Blanc,	Avocat	artichaut poivrade
Champignons	Chinois, Kale, Bok	Blette et oseille	Asperge
(cèpe, girolle,...)	Choy)	Brocoli	Aubergine
Citrouille	Courges (Potiron,	Carotte nouvelle	Concombre et
Courges (Potiron,	Potimarron, etc.)	Chou-fleur	cornichons
Potimarron, etc.)	Endive	Cresson	Courgette, fleur et
Cresson	Épinard	Échalote	mini-courgette
Épinard	Mâche	Épinard et pousses	Fenouil
Fenouil	Panais	d'épinard	Girolle
Mâche	Poireau	Fève	Haricot vert
Noix	Pomme de terre et	Morille	Haricot coco
Poireau	patate douce	Navet	Maïs
Rutabaga	Radis noir	Oignon	Poivron
Salade	Rutabagas et autre	Petits pois	Pousses d'épinard
Soja	légumes racines	Pomme de terre	Roquette
Tomate	Salsifis	nouvelle	Tomate
	Scorsonères et	Pousses d'épinard	maraîchère
	crosnes	Radis (blanc, noir,	
	Topinambour	rose)	
	Truffe		

BONNES MESURES SANS BALANCE

AMANDES EN POUDRE
3 cuillerées à soupe = 60 g

BEURRE
1 cuillerée à soupe = 15 g (soit 1 noix)

EAU
3 cuillerées à soupe = 3 cl d'eau

FARINE
1 cuillerée à soupe bombée = 15 g
3 cuillerées à soupe = 50 g

FLOCONS D'AVOINE
3 cuillerées à soupe = 25 g

GINGEMBRE
1 cm de gingembre = 12 g
(soit 1 noix de gingembre râpé)

GRUYÈRE RÂPÉ
3 cuillerées à soupe = 45 g

JUS DE CITRON
1 jus de citron = 5 cl
(soit 5 cuillerées à soupe)

LIQUIDES
3 cuillerées à soupe profondes = 5 cl
1 pot de yaourt = 12,5 cl
1 verre ballon à ras bord = 20 cl
1 petite bouteille de bière = 25 cl
1 cannette = 33 cl

PÂTES
100 g par personne
(125 g pour les gourmands)

PIGNONS, RAISIN SECS OU CRANBERRIES
3 cuillerées à soupe = 60 g

RISOTTO
100 g par personne et 25 cl de bouillon
200 g = 1 verre de 25 cl

RIZ ET AUTRES CÉRÉALES EN ACCOMPAGNEMENT À CUIRE
4 cuillerées à soupe = 60 g par personne

SEL FIN
1 cuillerée à café = 5 g

SUCRE GLACE
3 cuillerées à soupe = 30 g

SUCRE OU CASSONADE
1 cuillerée à soupe = 15 à 20 g
3 cuillerées à soupe = 60 g